第一志望
合格率
90.4%

[くにたて式]高校入試勉強法

さくら個別指導学院 代表
國立拓治
Takuji Kunitate

大和出版

はじめに

なぜ、私の教え子たちは第一志望校に合格できたのか？

高校入試はたいていの場合、人生で一度しか体験しないことです。

多くの中学生たちにとって、初めて迎える人生の大きな分かれ道で、緊張しながら立ち向かう、大きな試練だと言っていいでしょう。

かくいう私自身の高校入試はどうだっただろうかと振り返ってみると、あまりいい思い出がありません。なんだかずっと不安だったように思います。

入試当日は、とても緊張してしまったことを今でも覚えています。

滑り止めの私立高校入試の初日、開始してしばらくは、緊張で手がふるえて字が書けませんでした。

あのとき以上に緊張して体のコントロールを失ったことは、それ以後ありません。

また、私立高校の過去問を買おうと入試直前に本屋を巡りましたが、直前すぎて売りきれてしまっていました。

さらには、面接では典型的なことを言ったほうがいいのではないかと考え、ウソで「趣味はサイクリングです」と言ったら、細かく聞かれて答えに窮することも……。

このように私の高校入試体験は、まさに失敗だらけだったのですが、今、中学生たちに指導をする側になってみて、あらためて思うのです。

「もっと高校入試のことを知っていたら、防げたミスもあったんじゃないか？」

「もっと高校入試のことを知っていたら、落ち着いて勉強ができたんじゃないか？」

人生で一度の貴重な高校入試の体験を、悔いのない、充実したものにしてあげたい。

こんな思いから、私はこの本を書くことにしました。

ちなみにこの本は、前著『［くにたて式］中学勉強法』に続く1冊です。

おかげさまで前著は思いのほかご好評をいただいているのですが、私はその理由は、3点あると考えています。

まず1点目、今も中学生たちに直接指導をしている現場の教師であるという点です。

指導歴は25年を超えました。私の塾は「個別指導」という形態の塾なので、幅広い「学力」「やる気」の生徒たちが通ってくれています。

学力もやる気もさまざまなリアルな中学生たちを、25年以上、現役で見続けている教師が、勉強法について本を書くことはまれでしょう。

加えて、私自身が中学生時代にたいして勉強が得意ではなかったこともプラスに働いています。

したがって、「そんな高度なことをやれるのは上位5％の子だけでしょ！　取り組めるわけないじゃん！」と言われるようなことは書いていません。

どんな子であったとしても実践できるものだけを選りすぐって書いています。

そして2点目は、自塾ブログを15年、毎日更新することで「自分の思いを文字に乗せて読者へ届ける」という練習を5000日以上続けてきた点です。

多くの人に読んでもらえるようにと、ブログ記事の内容に心を配り続けた結果、月間で最大50万ページビューを集める、塾ブログでは全国No.1の人気ブログとなりました。

私の書くブログの文章がページビュー数で先に評価されていたので、同じ調子で本を書けば、伝わりやすいものにできるのではないかと想像していたのです。

最後の3点目は、私の中学生の学習指導に関する経験値がダントツに多い点です。

この本には、私自身が書籍や文献などで仕入れて試してきた学習指導の25年分の経験はもちろんのこと、全国にいる塾の友人たちの知識が上乗せされています。

具体的には、先ほどお伝えした自塾ブログが縁で、日本全国に知り合いの塾長が200名以上います。仕事での利害関係抜きで、これほどの数の塾長とつながりがある個人塾の塾長は、私自身の他に聞いたことがありません。

全国の塾長たちの教室を見学させていただいたり、その取り組みを真似させていただいたり、私のブログ上の言説の間違いをご指摘いただいたり――。

私は、全国の多くの先生方に支えられて育てられてきました。**そう、1人で試行錯誤しただけでは手に入らない、学習指導に関する実践の知見を身につけているのです。**

これら3点が、『「くにたて式」中学勉強法』で好評を得た理由であるのと同時に、私が中学生に学習アドバイスをする最適な人間であると言いきれる理由です。

ちなみに「くにたて式」とは「勉強する習慣」と「勉強の本質」を再現度高く定着させるメソッドです。もっと簡単に言えば**「取り組みやすい勉強法」**です。

そして、このメソッドを根底に置きながら、高校入試に向けた勉強でやっておくべきことを懇切丁寧に説いたのが、この本というわけです。

論より証拠。以下に、私がお勧めする「［くにたて式］高校入試勉強法」を実践することで栄冠を勝ちとった生徒および保護者の方の「喜びの声」をご紹介します。

●いつもギリギリの行動しかできなかったわが子に、学習ペースづくりをご指導いただいたおかげで、県内トップ校に合格できました！（卒塾生保護者）

●「正しい受験勉強の取り組み」を丁寧に重ねる大切さを学びました。おかげで無事に第一志望校に合格しました（卒塾生）

●自分の理解度や学習ペースに合った教材、学習内容を提案していただいたおかげで、志望校へ向けた勉強はずっと安心でした（卒塾生）

●模試の結果に落ち込んでいたところ、結果の正しい見方や模試の活用法を指導していただきました。この塾で受験ができて本当によかったです（卒塾生）

●中学校での受験勉強の取り組みに加えて、受験勉強の質や量の相談をさせてもらえてとても助かりました（卒塾生保護者）

●合格だけを目指して詰め込むのではなく、その後の自学自習への取り組みも踏まえて、「自分で取り組む」ということを学びました（卒塾生）

●定期テスト勉強と受験勉強の兼ね合いのしかたも指導してもらえたので、焦ることなく落ち着いて勉強できました。もちろん、第一志望校に合格できました（卒塾生）

いかがでしょう？　あなたも、なんだかワクワクしてきませんか？

大丈夫、あなたもこの本の内容を実践すれば、きっと望む結果を手に入れられます。

なお、この本は、全国で一番多い**「公立高校を目指す中学生」**を想定して、入試に向けた勉強の進め方をスタートから順に時系列でお伝えしていきます。

「これ以上、詳しくて具体的な高校入試向けの勉強法本は他にない」と言いきれるものを書ききりました。

ぜひ、私に高校入試合格を目指すあなたの力にならせてください。

あなたの一生で一度の高校入試の体験を、きっと充実したものにしてみせます。

この私の言葉が「たわごと」なのか、「真実」なのか――。

ぜひ実際に本文を読んで確かめてみてください。

さくら個別指導学院　代表　國立拓治

／第一志望合格率90・4％／

［くにたて式］高校入試勉強法

―――

目次

第2章

中3の1学期が終わるまでの取り組み方

＼いざ入試勉強スタート！／

第3章 ＼実力がグンと伸びる！／［教科別］高校入試勉強法&模試活用法

第4章 勝負の分かれ目！ 夏休みの入試勉強で「真の力」をつけよう

第5章
＼ここで大きな差がつく！／
2学期だからこそ取り組むべき入試勉強

第6章
＼これで完璧！／
冬休みと3学期で入試勉強の総仕上げをしよう

終章 大切なわが子を見守る保護者の方への「5つのお願い」

［巻末付録］

自分の住む都道府県の「高校入試システム」を知っておこう

本文デザイン 村﨑和寿

序章

＼まずはここから！／

そもそも高校入試とはどのようなものなの？

1 最初に「高校入試勉強の全体像」をつかんでおこう

さあ、この本のタイトルどおり、さっそく**「高校入試勉強法」**について詳しくお伝えしていきたいのですが、いきなり勉強に取り組むのはまだ早いです。

部活でもそうですよね。テニス部に入ったからといって、実際にラケットを握らせてもらえるようになるのは、入部してしばらくしてからです。

それと同様に、この本でも具体的に勉強法についてお伝えする前に、先に知っておいてほしいこと、先に準備しておくべきことを、この序章と第1章で見ていきます。

また、準備という意味では、**「自分の地域の入試システム」**を把握しておくことも大切です。

そこで入試システムの調べ方について**【巻末付録】**としてこの本の最後に記しておきましたので、入念に準備をしてから勉強をスタートしたい人は、この序章と第1章を読み終えてから、巻末付録を先に読んでもいいでしょう。

高校入試勉強の全体像

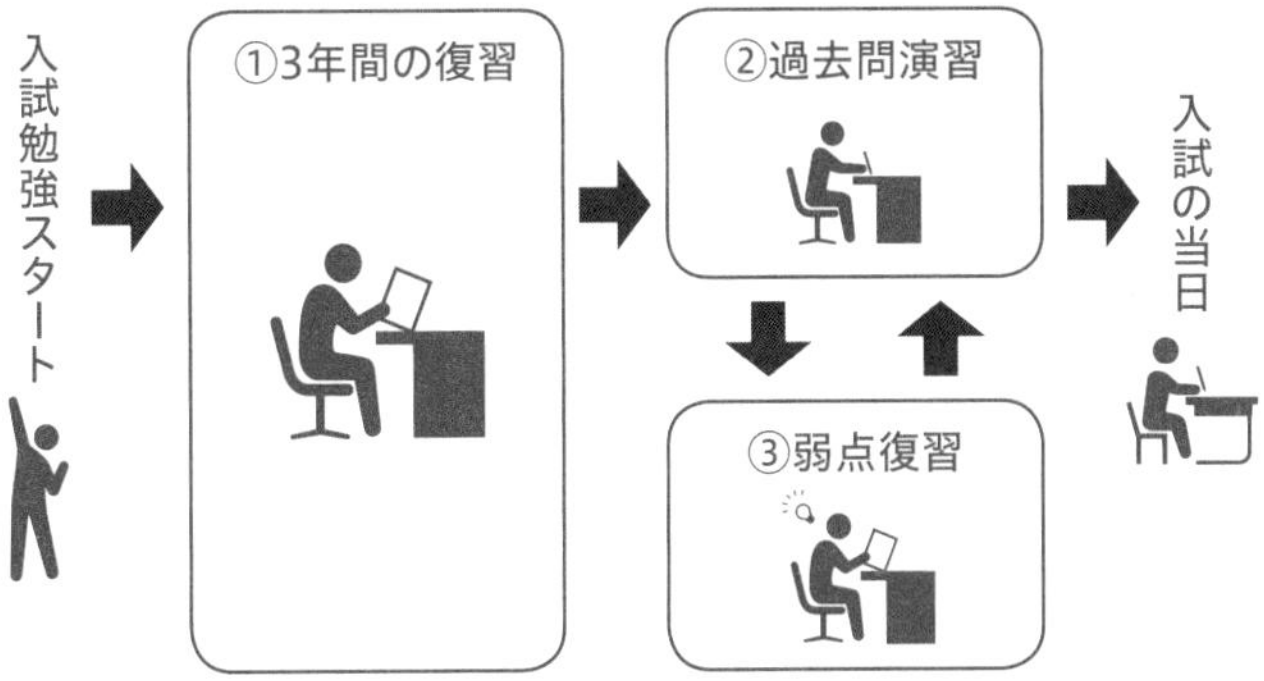

それでは、入試前にしておきたい準備についての話をしていくことにしましょう。

「そもそも高校入試って何？」

「入試勉強って、何をすればいいの？」

こんなふうに思っている中学生はたくさんいることでしょう。

もっと言うと、この最初に知っておくべきことを確認できぬままボンヤリと高校入試を終えてしまった人たちもたくさんいると思います。

そんなことにならないためにも、あなたにはぜひ、入試勉強を始める時点で、このことについて、上図の**「高校入試勉強の全体像」**とともにしっかり確認しておくことをお勧めします。

さて、先ほどの2つの疑問への答えですが、私は以下のように考えています。

「高校入試とは、いわばテスト準備期間1年の全範囲テスト」

「高校入試勉強は『3年間の復習』『過去問演習』『弱点復習』の3つをする」

まず「高校入試」というのは、もちろん「高校に入学するための選抜テスト」なのですが、テストの部分だけに注目してみると**「でかい定期テスト」**と言えるでしょう。

テスト範囲は習ったところすべてで、準備期間が1年ほどあります。

つまり、同じ都道府県内の同級生たち数千・数万人と一緒に受験する大規模な定期テストですよね。

そして「高校入試勉強」は、そこへ向けた勉強で、やることは3つだけです。

覚え直すための**「3年間の復習」**、仕上がりを確認する**「過去問演習」**、過去問であぶり出した弱点に対して行う**「弱点復習」**の3つです(19ページの図参照)。

また、「学んだ成果を試す機会があること」という観点からすると、「部活」も「定期テスト」も「高校入試」も、すべて同じ流れになるはずです。

部活は「基本練習」から「練習試合」「弱点練習」を繰り返し「大会」という流れ。

定期テストは「覚える」から「解く」「直す」を繰り返し「テスト」という流れ。

サッカー部活動の全体像

定期テスト勉強の全体像

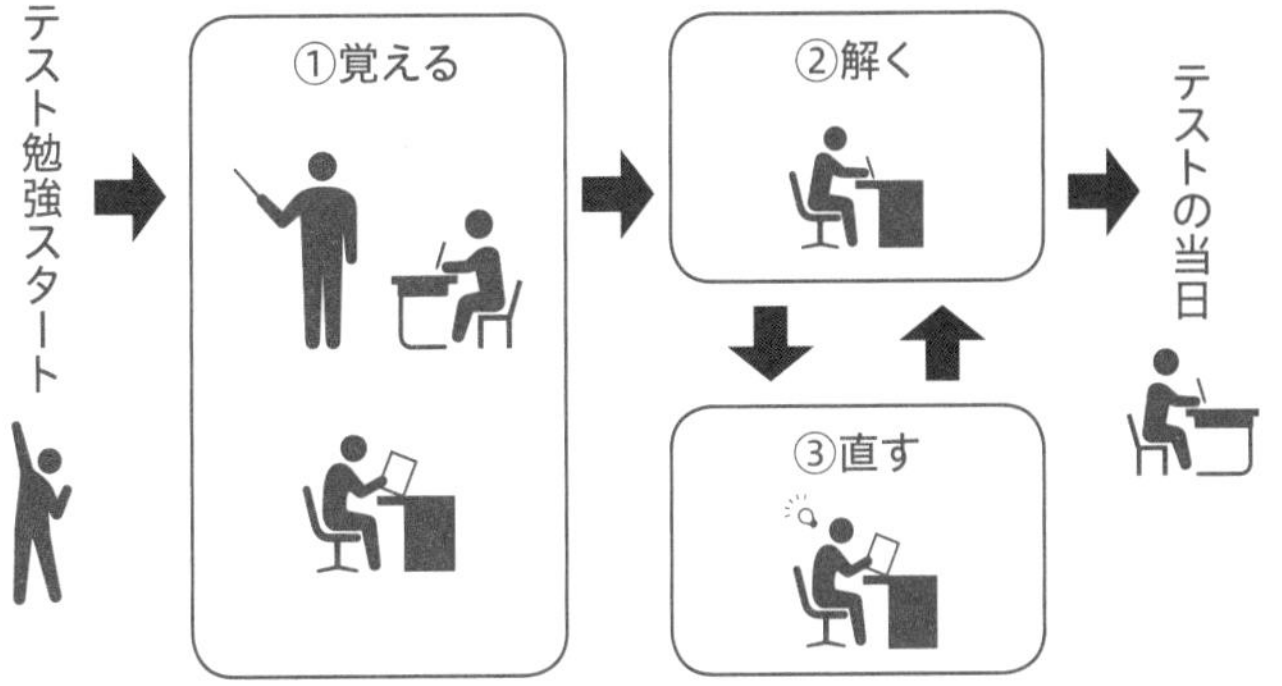

高校入試もこれらと一緒ですよね。

そう、「3年間の復習」から「過去問演習」「弱点復習」を繰り返し、「入試の当日」を迎えるという流れなのです。

前ページの図を見ると、部活と定期テストの流れも同じであると感じてもらえますよね。

したがって、高校入試は部活や定期テストと同じイメージで取り組んでいけばＯＫ。

47都道府県それぞれで高校入試システムはさまざまではありますが、高校入試勉強の基本形は全国共通です。

この流れにならないことはありません。

この全体像を基本形にしながら、自分自身の**「学力」**や**「地域の状況」**、さらには**「通塾しているかどうか」**などといったことに合わせて取り組み方にアレンジを加えていきましょう。

2 【レベル別】高校入試勉強の全体像

さて、**「高校入試勉強の全体像」**について、もう少し詳しく見ていきましょう。

学力に応じて取り組んでほしい勉強内容が変わってくるので、先ほどご紹介した全体像をレベル別に3パターン見ていくことにします。

具体的には、学校の主要5教科の内申点の合計別で**「5教科の内申点20以上」「5教科の内申点15以上19以下」「5教科の内申点14以下」**の3パターンです。

「取り組む時期」の目安がつくように、全体像の図に時期を加え、取り組む内容についても少し書き加えています。

もちろん、これはあくまでも1つの例です。

先にもお話ししたように、ここからあなたが住んでいる都道府県の状況や、塾に通っているかどうかなどによって、入試勉強のスケジュールはさらに変わっていきます。

これらを踏まえたうえで、多くの人に共通しそうな例だと思って見てください。

入試勉強スケジュール例（5教科の内申点14以下版）

春休み	1学期	夏休み	2学期	冬休み	3学期
復習1回目（1・2年の内容中心）			復習2回目（3年間の内容）	過去問演習 弱点復習	

まずは全体像の基本形に一番近い入試勉強スケジュール例で、5教科の内申点の合計が14以下の生徒にお勧めするバージョンを見ていくことにしましょう。

予定の枠が点線になっているのは、**「内申点を高めるために定期テスト対策を最優先してほしい」**という意図を表しています。

部活が終わるまでは、入試勉強に取り組めなくてもしかたがないということですね。

定期テストの3週間前くらいから入試勉強をやめてしまっていいでしょう。

また、各単元の最後に掲載されるような難問は、手が出ないときは飛ばしていくことが、進むペースを守るためにも重要なコツです。

入試勉強スケジュール例（5教科の内申点15〜19版）

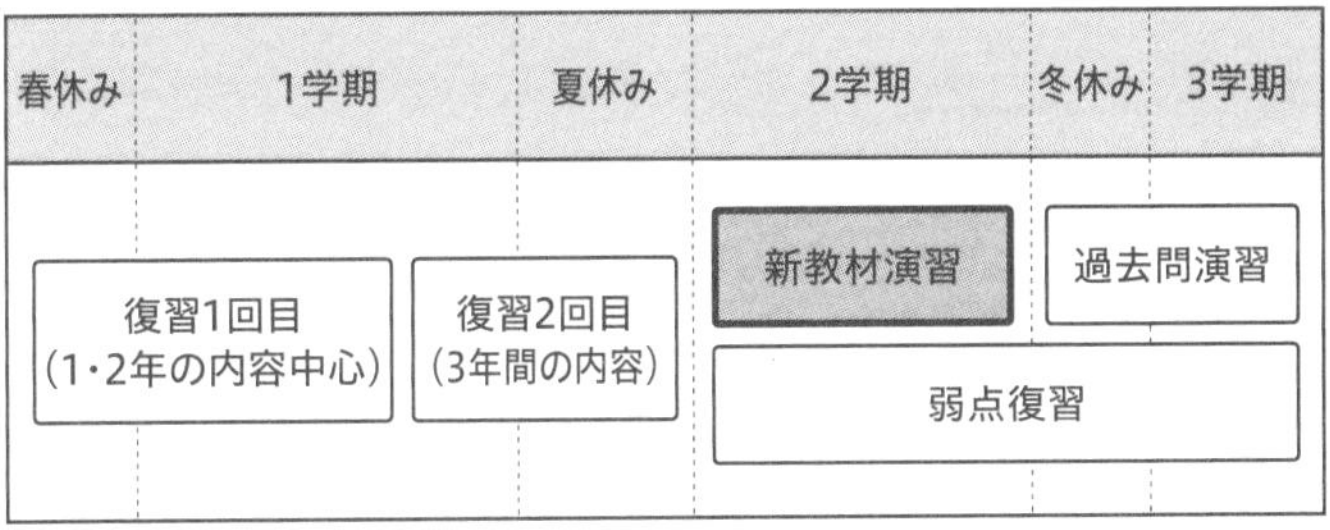

次に、5教科の内申点の合計が15〜19までの生徒にお勧めのスケジュール例を見ていきます。

言い換えれば、内申点がオール3からオール4近くの生徒に向けてのものですね。**「新教材演習」**が、基本形から加えられた部分です。

勉強ペースの途中目標としては、**「3年間の復習の2回目をゆとりをもって夏休み中に終了する」**ことを目安にやれるといいでしょう。

内申点が4以上の教科であれば、最初の教材の仕上がり具合がよければ、夏休み以降で2冊目の入試教材を追加購入して取り組んでいくのもお勧めです。

入試勉強スケジュール例（5教科の内申点20以上版）

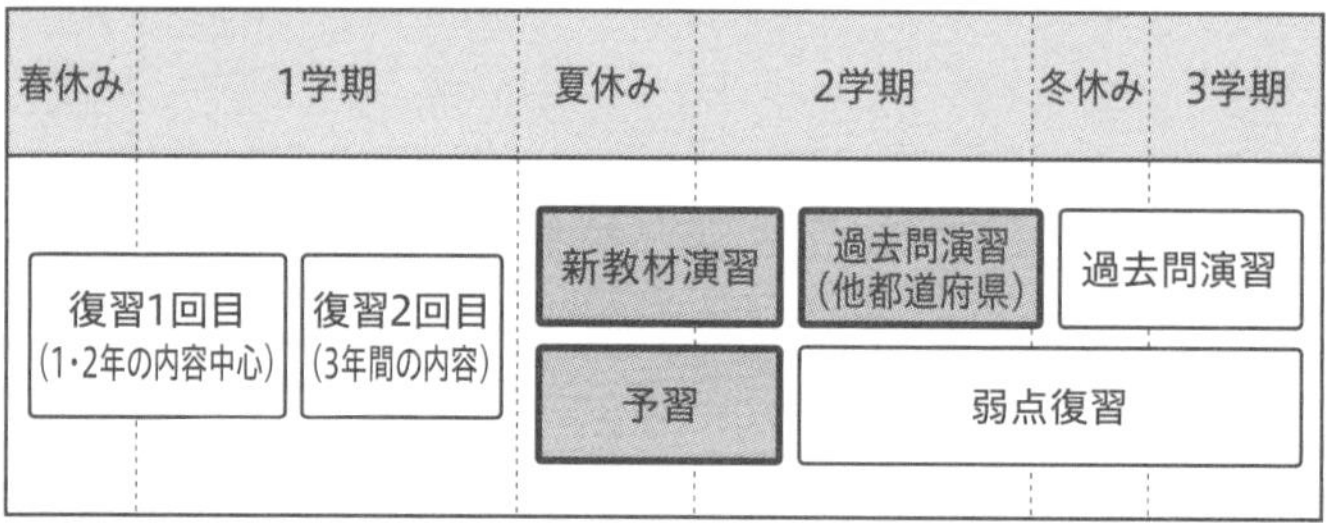

ラストは、5教科の内申点の合計が20以上の生徒にお勧めのスケジュール例です。

換言すれば、最上位校を目指すような内申点オール4以上の生徒へ向けてのものです。

勉強ペースの途中目標は、**「3年間の復習の2回目を夏休み前に終了する」**ことを目安にしてください。終えることができたら、新たな取り組みに入ります。

このレベルの生徒であれば、過去問演習を早くスタートできるように、2学期以降の学習内容の予習に取り組むということも可能でしょう。

また、2冊目の入試向け教材を購入して夏から発展演習に取り組むこともお勧めします。

以上、主要5教科の内申点の合計別に、高校入試勉強の全体像と1年間のスケジュール例を見てきました。

どの学力の子であっても、入試勉強のスケジュールを考えるうえでのポイントは、以下の3つです。

- **3年間の復習の2回目完成のタイミングを途中目標とすること**
- **過去問演習をどのタイミングからスタートするかを決めること**
- **入試向け教材の2冊目の購入と演習をどうするか決めること**

繰り返しになりますが、ここで紹介した3パターンのスケジュールとやるべきことは、1つの例に過ぎません。

ここから「入試向け教材が配付されているか」「塾に通っているか」など、状況で変化があるでしょう。

なお、自分の年間予定をつくってみたい人のために、**「入試勉強スケジュール」**のPDFデータをQRコードで貼っておきます。

ぜひ、オリジナルのスケジュールをつくっていただきたいと思います。

また、**「入試勉強スケジュール例」**は、スケジュールの具体的な立て方もあわせて、もう少し掘り下げて**「［読者限定］WEBページ」**に掲載しておきます（ダウンロード用URLおよびQRコードはカバー著者プロフィール欄の下にあります）。

これらの資料も参考にして、ぜひ自分の状況に合ったスケジュールをつくってみてください。

うまくいかないときはつくり直せばいいだけなので、どうぞお気軽に！

さて、準備に関する内容はこのまま第1章に続きます。

「準備8割」という言葉があるように、入念な準備がその仕事全体の8割の重要度を占めると言われています。

入試勉強も例外ではありません。

「準備8割」の言葉を胸に、引き続き準備をしていきましょう。

第1章

＼ここが肝心！／

入試勉強を始める前に
これだけは押さえておこう

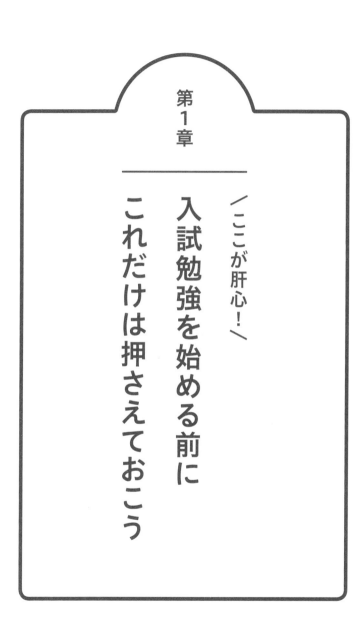

1

「家族会議」で親子の意見をすり合わせておこう

序章で「高校入試勉強の全体像」について確認したので、ここからいよいよ入試勉強をスタートしていくための具体的な準備についてお伝えしていきます。

最初にしておいてほしいのは、家族と高校入試について話すことです。

入試のサポートをしてくれる家族と話をして、お互いの意見を確認していきましょう。

私の家庭を例にすると、高校進学に関して、次のように母親から言われていました。

「弟もいるんだから（費用の安い）公立高校行ってね！　自転車で通えるところね！」

理由も添えられた的確な指示を、中2の2学期くらいから聞かされていましたね。

私の家庭のように、入試勉強を始める前から確認をしておけばスムーズです。

家族と確認をしてほしいことは大きく2点で、**「進路について」「入試勉強の進め方について」**です。

家族会議を進めやすいように、シートにまとめておきます。

［高校入試］家族会議シート

●進路について

1. 普通科？　専門学科？
2. 公立？　私立もいい？
3. 近所？　遠方もいい？

●入試勉強の進め方について

1. 通塾？　独学？
2. 自室？　リビング？
3. 教材を買う？　買わない？

このシートをもとに家族で方針を決定していきましょう。
シートの上から順に補足を加えておきます。

「普通科？　専門学科？」

高校卒業後にどんなことをしたいかによって変わってくる部分ですね。そこから話してみて、大学進学を希望するのであれば、基本的には普通科でしょう。

「公立？　私立もいい？」

一般的に公立のほうが費用が安く、私立のほうが費用が高いというのが基本です。お金がかかわることなので、家族の意向をしっかりと確認しましょう。

「近所？　遠方もいい？」

これも自転車通学が可能か、電車など公共交通機関を使う必要があるのかという部分ですね。選べる学校数が大きく変わります。こちらもお金がかかわることです。

「通塾？　独学？」

高校入試に向けて塾を利用するのかどうかです。
住んでいる地域の通塾率や、中学校から入試教材の配付があるかどうかなどもかかわりそうです。これについては後ほど詳しく見ていきます。

「自室？　リビング？」

これは自宅学習の場所の再確認ですね。

この項目の確認のなかで、**「勉強を妨げる誘惑とのつき合い方」**のルール設定も行ってもらいます。こちらも後ほど詳しく説明します。

「教材を買う？　買わない？」

入試向け教材を購入するかどうかです。

中学校で配付されていたり、塾に通っている場合は必要のないケースが多いです。独学かつ配付されていなければ「買う」の一択です。

以上、大きく2点、細かく6点について家族で話し合いをしてください。

中2のうちにこの家族会議が実施できるといいですね。

すでに中3になってしまっていたとしたら、今日にでも開催してください。

この本のこのページを開いて家族に申し出るのです。

「このページを読んでみて。今日、家族会議をしたいんだけど！」と。

2 学ぶ場所を決定しよう――通塾編

高校入試へ向けて「**学習塾を利用するかどうか**」は誰しもが迷うところでしょう。

家族でこのことを決める手助けになればと思い、少し触れておきます。

まずは次ページの「**都道府県別**」**中学生通塾率ランキング**」を見てください。

こちらは文部科学省の全国学力テストのデータをもとにつくられたものです。

あなたが住んでいる地域の通塾率を確認し、これを検討材料にしてみましょう。

ちなみに通塾率が高い地域には「**大学進学率が高い**」という共通点があるそうです。

要するに「高校卒業後も引き続き勉強が必要になるかどうか」が通塾率に大きくかかわっているということですね。これが検討材料の1つ目です。

そして、上位校を目指す人には、さらにもう1つの検討材料にするべく調査してほしいことがあります。

それは「**自分の地域の入試は、独学でも突破できるレベルなの？**」ということです。

［都道府県別］中学生通塾率ランキング

順位	都道府県名	通塾率
1	奈良県	74.3%
1	神奈川県	74.3%
3	兵庫県	71.0%
4	和歌山県	70.2%
4	大阪府	70.2%
6	東京都	70.0%
7	千葉県	68.6%
8	三重県	68.5%
9	埼玉県	68.3%
10	岐阜県	67.1%
11	香川県	66.6%
12	静岡県	66.4%
13	愛知県	66.2%
14	京都府	65.5%
15	徳島県	64.8%
16	滋賀県	62.3%
17	岡山県	61.7%
18	群馬県	60.3%
19	山口県	59.8%
20	広島県	59.6%
21	栃木県	58.8%
21	愛媛県	58.7%
23	山梨県	57.6%
24	茨城県	57.5%

順位	都道府県名	通塾率
25	福岡県	57.6%
26	宮城県	55.3%
27	鳥取県	54.3%
28	沖縄県	52.8%
29	富山県	52.3%
30	新潟県	51.7%
30	熊本県	51.7%
32	長野県	51.3%
33	北海道	50.2%
34	長崎県	50.0%
35	佐賀県	49.7%
35	大分県	49.7%
37	福島県	49.2%
38	福井県	49.1%
39	石川県	46.2%
40	高知県	45.0%
41	鹿児島県	44.9%
42	島根県	42.3%
43	宮崎県	39.4%
44	山形県	33.7%
45	青森県	32.8%
46	秋田県	30.9%
47	岩手県	29.6%

出典：WEBサイト「都道府県別統計とランキングで見る県民性」

通塾率が日本一である神奈川県の塾の先生に聞いたところ、「神奈川は近年、公立入試が難しくなってきて、上位校は独学での突破が難しくなった」とのことでした。

つまり、「その地域の入試の難易度が高いから通塾率も高くなっている」という側面もあるようです。

これを確認すべく、あなたの住んでいる地域の状況を知り合いなどに聞き込んでみましょう。

「塾に通わず上位校に入学していった子もある程度いるみたい」という状況であれば、独学も選びやすいですよね。

「上位校は独学で突破した子はほぼいないみたい」という神奈川県のような状況であれば、塾に通うことを検討したほうがいいでしょう。

さて、ここでは「通塾」を選んだ前提で話を続けます。

塾の力を借りると決めたならば、さっそく塾を選んでいきます。

前著『「くにたて式」中学勉強法』のなかでも塾の選び方については詳しく説明していますが、ここでも要点をお伝えしておくことにしましょう。

塾の選び方を簡単に説明すると、「指導形態を選び、よく口コミを集め、面談プラス

学習塾の主な指導スタイル

	集団指導	個別指導	自立指導
指導スタイル	先生 1：20 生徒 教科ごとに先生がいて複数の先生に指導を受けることが多い。黒板を使い一斉に指導する。	先生 1：2 生徒 生徒の横に先生が座り理解に合わせて直接指導。面談や相談は教室長が行うことが多い。	先生 1：15 生徒 指導に映像授業などを利用して、自分で学ぶことを主とする。学び方を指導する先生が教室を巡回。
長所・短所	○ ・刺激を受け合い学べる。 ・5教科すべてを安価に受講。 × ・理解できぬまま進むことも。 ・質問をしづらい。	○ ・自分の理解に合わせて進む。 ・必要な教科だけ受講が可能。 × ・5教科すべての指導は高額。 ・マイペースで緊張感少な目。	○ ・安価に5教科の学習が可能。 ・卒塾後も再現できる勉強。 × ・全般に理解が浅いときつい。 ・やる気が薄い子は向かない。

※ 先生1人に対する生徒の割合は一例です。

体験授業を受講したうえで決定」ですね。

学習塾の指導形態は、ざっくり言うと**「集団指導」「個別指導」「自立指導」**に分かれます。自分にとってどの指導形態がいいかを選ぶところが最初です。

実際、ひとくちに塾と言っても、指導形態によって、そのメリット・デメリットは全然違ってきます。

指導形態を無視して、その塾の合格実績だけを見て選ぶのはあまりにも危険です。

同じくらいの学力の子がどんな指導形態の塾に多く通っているか、そして指導形態についての自分の希望も考えながら選ぶようにしましょう。

指導形態を決めたなら、次に候補の塾を

絞ります。

その際には、**「知り合いの口コミ」**を大切にして選ぶといいでしょう。WEB上の口コミはその口コミが本物かどうかわからないので、実際の口コミを参考にしてください。

私の経験からすると、この**「口コミ集め」**が塾選びで一番大切です。

候補の塾を絞り込んだら、いよいよ**「面談」**に足を運び、**「体験授業」**を受講して決定です。

足を運んでの比較検討は気力と体力を消耗するので、多くとも3塾までにしておくことをお勧めします。

以上のステップを踏んで入塾したら、ぜひ塾を上手に使ってほしいと思います。

入塾するというのは、有料で高校入試のアドバイザーを雇ったということでもあります。

「入試向け教材を買う必要あるか?」「志望校のレベルが知りたい」「入試システムでわからないところがある」など、どんどん相談するといいでしょう。

3 学ぶ場所を決定しよう――独学編

高校入試へ向けて独学で臨むことにしたならば、今から伝える3つのことを整えてから勉強をスタートしていきましょう。

なお、ここで**「家庭学習の環境」**に関してもお話ししますので、塾に通うことにした人も飛ばさずに読んでくださいね。

①学習場所を整える

まずは、メインとなる学習場所を整えていきましょう。これは学習塾に通うことにした人も同様ですね。整えるコツは1つだけ。

「勉強を妨げる誘惑を、その場所からなくす」です。

たとえば自室をメインの勉強場所にするならば、**「スマホとゲームはリビングに充電器を置いて、入試が終わるまで自室にもち込まない」**という具合にしましょう。

「誘惑とは戦わない」ことが独学で勉強を進めていくうえでの最大のコツです。

誘惑との対戦は毎日、戦わずして勝つ、つまり不戦勝を目指すべきなのです。

ちなみに私は今、この本をわざわざ有料の自習室で書いています。

その理由は、もちろん誘惑と戦わないためですね。

誘惑と戦うと気力や時間が奪われます。よけいなところに気力も時間も奪われることなく、全力を注ぎ込めるよう、大人の私でもこのコツを実行しているのです。

次に、リビングをメインの勉強場所にするならば、テレビを撤去するわけにはいかないので、**「学習時にテレビを消す」**をルールにすることをお勧めします。

ここで家族の協力を得られないならば、リビングでの学習はあきらめましょう。

最後に、自室もリビングも難しいとなれば、**「家の外」**にその場所を確保するのも1つの作戦です。

たとえば、図書館で勉強をするのもいいですね。

塾に通う子は塾を自習で利用させてもらうのもいいでしょう。

なお、**「友だちの家で一緒にやる」**というのは、基本的には誘惑だらけのなかで勉強するということですから、極力、避けたほうが賢明です。

②家族の協力を得る

家庭での学習環境を整えるには、**「家族の協力」**が不可欠です。自分1人では整えることが難しい部分を支えてもらえるように頼んでいきましょう。

ただし、あまり家族に頼りすぎても、それができなくなったときに自分が困るので、最小限で助けてもらうようにします。

家族にお願いしたいのは**「誘惑のコントロール」**についてです。

具体的に手伝ってほしいのは2点で、**「スマホやゲームなどの誘惑の監視」**と**「就寝時間の監視」**です。

決めた約束を守ってスマホやゲームを使用しているかどうかを見守るのは保護者の責任だと私は思っています。

それと同様に、決めた就寝時間に寝ることができているかどうかを見守るのも保護者の責任です。

私は25年以上、塾の現場で生徒たちを見てきましたが、ここが緩んでいる家庭の生徒は、もれなく成績も緩んでいます。

ともかく、これは家庭学習環境を整えるうえでの最重要ポイントです。

ここの記述を家族に見せ、監視ルールを決めてください。

監視ルールは、これでいきましょう。

「学習時と就寝時はその場所にスマホ（またはゲーム）をもち込まない」

「○時に寝室消灯」（中学生は23時までに就寝を！）

スマホの研究も進んできて、「同じ空間にスマホがあるだけで集中力が下がる」ということまでも明確なデータとして出てきています。

この研究結果をしっかりと受け止めて、スマホが毒になってしまう時間帯には、同じ空間に入れないように監視してもらいましょう。

また、睡眠時間を充分にとって常に体調万全で学習ができるよう、就寝時間の監視をお願いすることも大切です。

私のこれまでの経験からすると、**「どんなに遅くとも23時には就寝する」**というのが、中学生が体調を維持するうえでの絶対的な条件です。

③ネットを味方につける

まだインターネットがそれほど普及していなかった2000年くらいまでは、わからないことを調べるということは本当に大変でした。

当時、生徒から公民の政治に関する質問を受け、参考書ではわからない内容であったので、保護者のフリをして、とある政党に電話をして教えてもらったことが思い出されます。ネットで気軽に調べることができる今では、笑い話です。

今や、あらゆる中学生の疑問とその答えについて、各教科各単元の説明動画が無料でネット上にあがっています。

スマホやタブレットは使い方によっては悪魔になりますが、正しく利用できれば勉強を助けてくれる天使にもなるわけです。

ぜひネットを味方につけて、スマホやタブレットに天使になってもらいましょう。

ネットを味方につけるために気をつけるのは1点だけ。

それは、「ネットを利用して勉強をするのは家族の前だけ」ということです。

先ほど学習時に同じ空間にスマホを置かないようにと書いていますから、ネットを利用しようとするならば、そのときだけ学習場所を移動するということですね。

自分の部屋で勉強をしていたら、リビングで家族の前でネットを利用。

あるいはリビングで勉強をしていたら、自分の部屋からスマホをもってきて、家族の前でネットを利用。

「知らぬ間にスマホゲームをして遊んでしまった！」などとならないように、家族の目があるところで使いましょう。

実際にネットで調べる際のポイントは、以下の2つです。

●検索ワードに「中学」を加える

ネットの情報の海には高校生や大人向けの難しい情報もたくさんまぎれています。間違ってそんなページにたどりつかないように、この2文字を入れて検索しましょう。

●動画でも検索をする

理科の天体のように動画での説明のほうが断然わかりやすい単元があります。また、中学校の指導内容を網羅したような動画説明サイトもありますので、動画検索も利用するといいでしょう。

この2つを駆使して、ほしい情報にたどりつく確率をぜひ上げてほしいと思います。

4 入試に向けて学ぶ教材を準備しよう

入試勉強の準備も終盤です。

ここでは**「入試向け教材」**の準備についてお話しします。

高校入試向けの教材というのは、3年間の総復習を行うことができる専用教材で、基礎から入試レベルの問題まで収録されているものです。

とはいえ、いきなり書店へ買いに行ってはいけません。

入試向けの教材を書店で買う必要があるかどうかは、じつは状況によります。

まずは自分の状況を確認していきましょう。

確認する点は、以下の2点です。

①中学校から入試向け教材の配付があるかどうか

入試向け教材が一律に学校から配付されている地域は、日本全国たくさんあります。

これらの教材は通称**「厚物」**と呼ばれ、主なものに**『新研究』（新学社）、『整理と対策』（明治図書）、『マイペース』（学宝社）、『ま★ナビシステム』（廣済堂あかつき）、『3年間の総整理問題集』（正進社）**などがあります。

こういった教材が配付される地域は、まずはその教材にしっかり取り組むことが大切なので、入試勉強スタート時点に追加で教材を購入する必要はありません。

ただ、地域によって状況はさまざまで、希望者だけが購入するというところや、配付も案内もまったくないというところもあるようです（傾向として大都市では一斉配付が少なくなってきているようです）。

しかし、もしも学校からの配付がないことがわかったとしても、まだ書店へ買いに行くのは早いです。なぜなら、次の2点目を確認する必要があるからです。

②塾から入試向け教材の配付があるかどうか

塾に通っている人は、書店へ向かう前に、必ず塾に相談をしてください。

というのも、多くの塾で中3生には入試向け教材を配付する予定があるはずだからです（もちろん、私の塾でも配付をしています）。

「入試向けの教材を買いに行こうかと思っているのですが、塾から配付の予定はありますか？」

こんなふうに塾に相談をしてください。塾での指導を踏まえて、購入すべきかどうかのアドバイスをしてくれることでしょう。

以上の2点を確認したうえで、「学校から教材の配付がない」「塾には通っていない」ということであれば、購入する入試向け教材を検討していくということになります。

独学での利用となるので、「解答解説が詳しいものを選ぶ」のが最重要ポイントです。今は解説が動画対応している教材も多く出ているので、そんなところもチェックできるといいでしょう。

これらを踏まえた私のお勧めは、通信教材では**『進研ゼミ』（ベネッセ）**、市販教材では**『中学総合的研究問題集シリーズ』（旺文社）**です。

いずれも解答解説の詳しさが素晴らしいです。

また秋以降に**「過去問」**を購入する必要はありますが、スタート時点では主要5教科の5冊が揃えば教材の準備は完了です。

5　志望校を仮で決定しよう

ここまで入試勉強をスタートしていくための具体的な準備についてお伝えしてきましたが、ここで最後の準備をしていきましょう。

それは、「志望校の仮決定」です。

なぜ、入試勉強を始める前に志望校を仮で決めるのか？

答えは、目標が定まっていないままであると、勉強に身が入りにくいからです。

たとえば、漢字検定を受けてみることにするとして、受験する級が決まっていなかったら、かなり勉強しづらいことでしょう。

「まあ、漢字全般を勉強してみて、そのときに身についていた漢字の力に合わせて級を選ぶか！」などというヌルイ勉強のしかたでは、やれる気がしないですよね。

目標が具体的になっていればいるほど、勉強も意欲的に頑張ることができるもの。

だからこそ、仮であっても、ここで志望校を決めていきましょう。

志望校の仮決定のコツは「今の実力よりも上の学校を志望校とする」ことです。

なぜ私がそのようにお勧めするのかというと、指導を長年してきて、**「目標以上の力がうっかり出ることは決してない」**ということがわかったからです。

実際に「定期テストで400点目指して勉強していたら、うっかり450点もとれちゃった!」といったケースは、今まで一度も見たことがありません。

また、目標を今の実力よりも下に設定してしまったために簡単に達成できる状況になると、そこへ向けて頑張る気持ちは起きにくいでしょう。

バスケットボールでたとえてみると、自分の背の高さと同じ高さにゴールリングが設定されていたら、簡単にシュートが決まってしまって練習をする気がなくなりますよね。

したがって、自分の学力を高めるためにも、そして自分の実力よりも上の学校に本当に行きたくなったときのためにも、今の実力よりも偏差値の高い学校を志望校にすることをお勧めします。

もちろん、だからと言って、あまりにも高すぎる目標は現実味が薄く、最初から気持ちが入らず効果がありません。

同じくバスケットボールでたとえるならば、高さ20メートル地点にゴールリングが設定されたならば、今度はボールを投げる前からやる気がなくなります。

低すぎず高すぎず、ほどよい高さで目標を設定するのがポイントです。

具体的な高さの目安としては、偏差値5～10くらい上の学校を仮の志望校にするといいでしょう。

あくまでも仮なので、家族と相談をして決めてみてもいいですね。

ぜひ、勉強の気合が入る志望校を定めるようにしてください。


さて、入試勉強の準備は以上です。

この本を読んでいるタイミングによっては、もうとっくに入試勉強がスタートしている人もいるかもしれませんよね。

そんな人は、今からでもやれそうなものから取り組んでみてください。

さあ、次の章からはいよいよ**「入試勉強の進め方」**に突入していきます。

心して読み進めていってほしいと思います。

第2章

＼いざ入試勉強スタート！／

中3の1学期が終わるまでの取り組み方

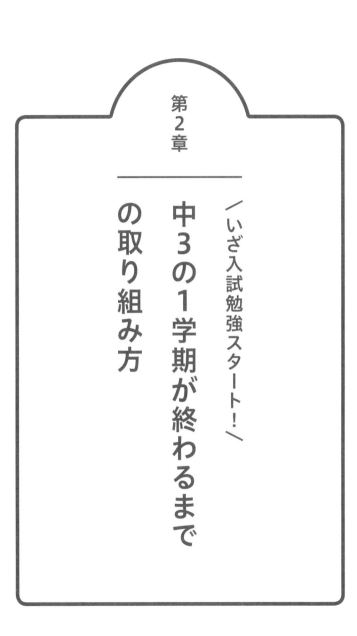

1 あらゆる勉強に共通する「取り組み方の基本」

ここから入試勉強について細かく見ていくのですが、その前に大事なことを確認させてください。

それは、「入試勉強にかぎらず、勉強そのものの基本的な取り組み方を知っているか？」ということです。

私の前著『「くにたて式」中学勉強法』でもこのことについては触れているのですが、あらためてここで確認をしておきます。

入試勉強にかぎらず勉強全般に言える取り組み方の基本、すなわち勉強をするうえで大切なのは2点だけ。

1点目は「勉強とは『覚える』『解く』『直す』の3つに取り組むこと」です。

次ページの図をご覧ください。

中学生の勉強の手順

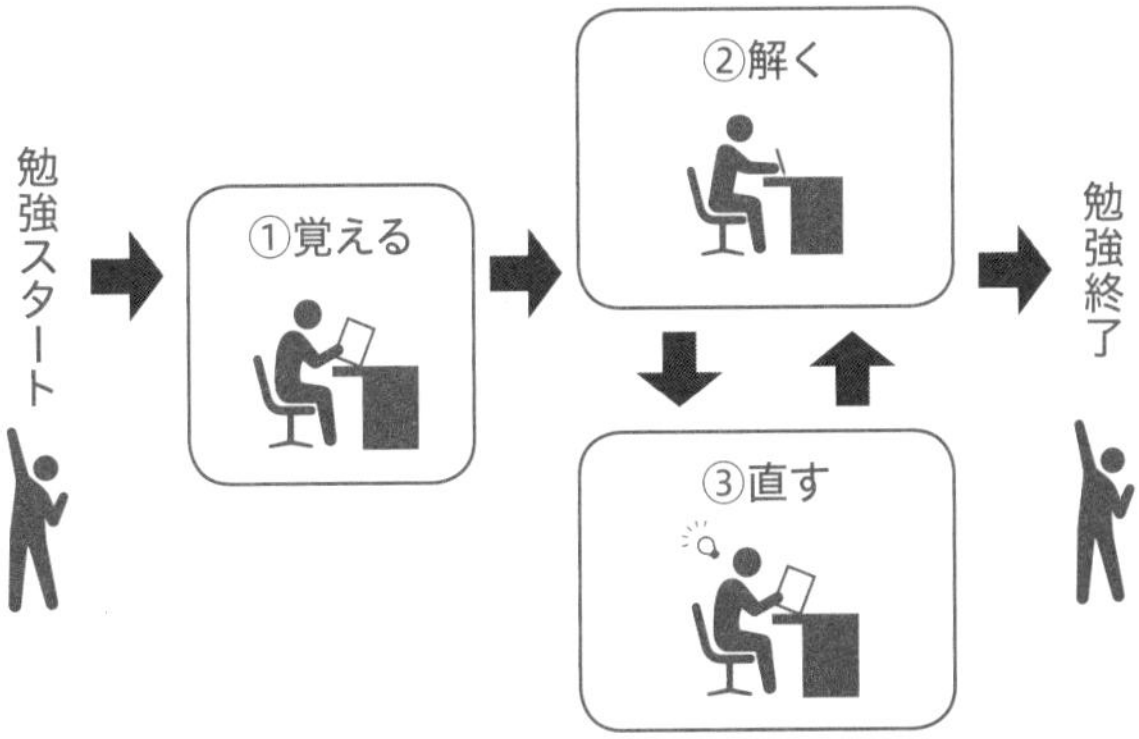

「少し前のページで見たのとほぼ同じ図！」と思われたかもしれませんね。

そうです、19ページでご紹介した「高校入試勉強の全体像」とほぼ同じ形です。やる期間は「1年」と「1日」で違いますが、内容は基本的に一緒です。

覚えて、解いて、直す。

この3つに取り組むだけです。日々の勉強においては、最初の「覚える」パートの重要性が低いので枠を小さくしました。

一般的に「覚える」と「解く」の割合は3対7などと言われるように、「解く」パートのほうが重要です。この割合とともに意識してください。

そしてもう1点、「勉強とは×を○にすること」です。

「そんなの当たり前だ」と感じた人もいるかもしれませんが、実際、日々の中学校での取り組みのプロセスでこれを忘れてしまい、「問題を解くことが勉強である」と勘違いをしている中学生は本当にたくさんいます。

解き終わったら赤ペンにもち替え、○×をつけ、×に解答解説を書き写したら「勉強おしまい！」となってしまう、といった具合ですね。

しかし、勉強とは**「できなかったことをできるようにしていく取り組み」**ですから、これでは勉強をしたとは言えず、極端なことを言えば1ミリも賢くなっていません。

×だった問題を解答解説を見てしっかり確認して理解する。理解ができないときは調べ直したり人に聞いたりして理解をする。この作業を丁寧にしていく。

そこから時間を置いて再度解き直し、×だった問題が見事○となったとき、初めて「勉強をした」と言っていいでしょう。

ワクワクするような必殺の方法は存在せず、この地道な作業だけが勉強なのです。

まずは、勉強の基本であるこの2点をしっかりと胸に刻んでほしいと思います。

2 初公開！ 高校入試勉強の3つの基本作戦

さて、ここでこの本全般にわたる**「高校入試勉強の基本作戦」**を3つお伝えします。

まず1つ目は、「スタートを早めて学習量で攻める」という作戦です。

生まれもった勉強の力というのは個人差があります。

たとえば、私の知り合いの塾長は「中学生のときは、教科書を1回読んだだけで、すべてをスッと覚えることができた」などと恐ろしいことを言っていました。

こんなモンスターと真正面からぶつかったところで、勝てるわけがありません。

では、どうすればいいのか？

答えは、万人に平等に与えられている「時間」を味方につけ、利用していく――。

これに尽きます。

普通の人が才能ある人たちと勝負をするならば、時間を使って努力を重ねることが唯一の対抗策なのです。

この作戦のいいところは「**『時間を使って努力を重ねる』ことに才能はいらない**」という点です。この本を読んでくれている人全員が実行可能なのです。

入試へ向けて、時間を使って努力を重ねていきましょう。

2つ目は、「入試向け教材は1冊を完璧に仕上げる」という作戦です。

入試は大半の人にとって人生初めての経験なので、入試が近づくに連れて不安が高まってくるものです。

そして、この不安を解消するために、今もっている教材もこなせていない状況で、新たな教材を買ってきてしまうことがよくあるのです。

「この新しい教材が自分の入試を救ってくれるかもしれない」と、神頼みならぬ〝教材頼み〟を始めてしまうわけですね。

私は25年間、中学生の高校入試勉強を見てきましたが、入試が近くなったときに、知らぬ間に教材を追加購入して取り組んでいる生徒は、もれなくこの教材頼みのパターンでした。

そして、そこからグンと成績が伸びたということも、もれなくありませんでした。**下手をしたら、どちらの教材も中途半端となって、成績が下がってしまうなどということもありうる展開です。**

あなたがこんなことにならぬよう、この作戦を前もって伝えておきます。

高校入試にかぎらず、定期テストでも他の検定試験の勉強でも、すべての勉強に共通した大切なコツが**「1冊を完璧に仕上げる」**ことなのです。

「これでいく！」と決めた教材を途中でやめない。途中から他の教材に浮気をしない。1冊に繰り返し取り組んで、完璧になったときに初めて、次に取り組む教材を検討しましょう（その際には、学校や塾の先生に相談をしてください）。

最後の3つ目は、「満点ではなく合格最低点超えを目指す」です。

これは入試勉強の後半で気をつけなければならない、本当に大切なコツになります。

公立高校入試では、基本的に1つのテストですべての受験生の合否を決めなければいけないため、簡単すぎず難しすぎない難易度で問題がつくられます。

たとえば問題が簡単すぎると、満点の生徒が続出して点差がつかず、最上位校では合格者を点数で選べなくなってしまいます。こんな事態を防ぐべく、入試問題には満点を阻止するような難問が必ず含まれているのです。

また、入試問題は基本的に毎年、同じ形式かつ同じ難易度で出題されるので、各校での合格最低点の目安はついています。

大切なことなので繰り返しますが、志望校合格のために必要なのは「全科目満点をとる力」ではなく、「志望校の合格最低点以上をとる力」です。

これら「難問出題」と「合格最低点」の事実を踏まえ、**「合格最低点を超えるために、今からどの教科のどの単元を勉強しようか？」**と、対策を考えながら取り組むことが大切なのです。

定期テスト勉強時のように「とにかくたくさんやって、過去最高の合計点を目指すぞ！」などという大雑把な作戦では合格できません。

毎年、正答率が10％を切るような単元の問題に、「解けるように努力しなきゃ」と大きな時間を割いて取り組んでいいのは、成績上位10％の生徒だけ。

入試前の冬には志望校の合格最低点の目安を調べて、しっかりと過去問を見て教科ご

高校入試勉強の3つの基本作戦

スタートを
早めろ！
各教科1冊を
完璧に！
合格最低点を
超えろ！

との目標点を決めて、時間を割いて勉強する単元を選んで取り組みましょう（ちなみに、各都道府県の最上位校だけはこれが当てはまらず、各教科ほぼ満点を目指す必要があります）。

以上が「高校入試勉強の3つの基本作戦」です。

1つ目と2つ目は、今後何かを学ぶときにずっと大切ですし、3つ目は今後、何か試験を受けるときにずっと使える考え方です。

今回の入試勉強時にはもちろん、今後ずっとこの作戦を使ってほしいと思います。

3 入試勉強の助走として、あらかじめやっておきたいこと

最近は「中学2年の3学期は**『中学3年の0学期』**だと思って入試勉強の準備をしましょう！」などということが学校で言われるようです。

いい作戦ですよね。入試の基本作戦として「スタートを早めて学習量で攻める」とお伝えしたばかりですし、私もこの作戦に大賛成です。

ここではスタートを早める作戦として、主に**「『中3の0学期』が終わるまでに取り組んでおきたいこと」**についてご紹介していきます（「もう中3になっちゃってるよ！」というあなたも、できそうなものを選んで、今からでも取り組んでいきましょう）。

具体的には、大きく3点です。

①模試を受けてみる

模試の利用については次の章で具体的に説明しますが、ここではひとまず勉強のス

タート地点を確認するために**「模試」**を受けることをお勧めします。

今からダイエットをするというときに体重計に乗って、減量目標を決めることと同じように、これから入試勉強をするというときに模試を受けて、今の実力を知り、仮の志望校を決める際の参考にし、目標偏差値を決めるというわけです。

できれば、中2から志望校判定が出る、**「地域最大規模の模試」**を受験するといいでしょう。

「○○県　最大　模試」などと検索をかけて探してください。

そんな最大規模の模試は、必ず検索結果の1ページ目に表示されているはずです。

②英検・漢検を受けてみる

まずは検定試験に挑戦することで、単純に学力が上がります。

そして、検定に向けた勉強は、学校の勉強とは別のプラスアルファの勉強ですから、学習量も増えるでしょう。

とくに漢検への挑戦は、語彙を増やす具体的な方法として素晴らしいものです。

「習得した語彙の数が国語の成績と比例する」という事実を、私は現場で体感していますし、**「漢検2級まで取得したら、読解問題の正答率が高いレベルで安定してきた」**などという生徒の話もよく耳にします。

さらには、都道府県によっては英検・漢検の所持が直接、公立高校の入試において加点されることがあります。

私の地元の愛知県では推薦入試の応募資格になる程度の扱いですが、令和3年時点で埼玉県では具体的に調査書の加点が明記されていたり、大阪府では英検2級所持が当日点の80％の点を保障してくれるそうです。

メリットが多い英検や漢検の挑戦は、可能ならば中2が終わるまでに取り組んでおきたいところです。

とくに漢検は学年に関係なく取り組めるので、早め早めでの受験がお勧めです。対策教材も市販されているので、ぜひ購入して挑戦してみてください。

③国語の対策をする

国語の勉強は「まだ習っていないからできない」などという学習内容がほぼないので、入試勉強の準備運動だと思って、中1からでも取り組みを始めたいものです。

そもそも国語という教科は、その特性上、勉強した効果がすぐには出ません。頭痛薬くらいすぐに効果が出るといいのですが、どちらかと言うと健康増進のためのビタミン系サプリくらいの効果の出方です。

その意味でも、国語については早く取り組んでほしいと思います（「国語の対策」の具体的な取り組みについては次の章でご紹介します）。

以上が「『中3の0学期』が終わるまでに取り組んでおきたいこと」の3点です。

なお、中3になってからこの本を読んでくれている人は何をすべきかについてですが、**まず「模試」はすぐに受けましょう。**

「漢検」は挑戦するとしても**中3の夏くらいまで。**

「英検」は総合的な勉強ですから、**中3の秋くらいまで**粘ってもいいでしょう。

最後の**「国語の対策」**は、大きな時間を割かないように、**継続的に取り組むこと**をお勧めします。

4 中3になる前の春休みは勉強のフライングチャンス！

「先生！　春休みは遊ぶって決めたんです！」

これはつい先日、模試の受験を断ってきた新中3生が、私に胸を張って言ってきた言葉です。

たしかに勉強への気持ちが薄ければ、高校入試はまだはるか遠くの出来事に思えるのでしょう（キッチリ説得をして、模試を受けることにはなりました）。

さて、あなたは、この生徒のセリフをどう感じたでしょう？

「わかるよ！　中3になる前にパーッと遊びたいよね」なのか、「ありえない！　まだまだ遊びたい人が多い春に、どれだけ勉強のリードをつくれるかでしょ！」なのか。

もちろん後者ですよね。今こそ高校入試勉強の基本作戦の1つ目、**「スタートを早めて学習量で攻める」**を実行するときなのです。

そう、春休みこそ盛大に勉強のフライングをしてしまいましょう。

春休みに取り組んでほしいことは、具体的に3点です。

まず1点目は、間違いなく「英語と数学の復習」ですね。

英語と数学は積み重ねの教科なので、今までに習った内容が身についていないと、今から習う内容も理解できなくなる可能性が高くなります。

1学期最初の定期テストでスタートダッシュを決めるためにも、数学は**「計算単元」**、英語は**「基礎の文法事項」**をしっかり復習してください。

入試向け教材が揃っていれば、それを利用して復習を行うといいでしょう。

2点目は、「中2の学年末テスト後に学んだ単元の復習」です。

主要5教科の復習ですね。

これは、中3の最初の定期テスト勉強ということにもなります。

春休みから助走をつけて中3の最初の定期テストに臨みましょう。

できれば学校配付教材をベースにしながら、入試向け教材も利用すると一石二鳥です。

余力があるようでしたら、数学は計算の予習ができると、よりいいでしょう。

最後の3点目は、「徹底的に勉強をしてみて自分の勉強スタイルを探る」ことです。

自分で考える「本気で取り組む入試勉強」を春休みの予定に組み込んで、自分がどこまでやれるのかを見るべく、いろいろと実行してみるのです。

「午前、午後、夕方、夜のなかでは、どの時間帯の勉強が自分に合っているか？」

「自分の部屋、リビング、図書館、塾の自習室のなかでは、どの場所が勉強に集中できたか？」

「1回の勉強は何分にして、何分休憩を入れるといいか？」

こんなことを探ってみて、ここでわかったことを入試まで活かしていきます。

春休みに徹底的に勉強をしてみて、あらためて自分の勉強スタイルを探っていきましょう。

以上の3点を踏まえて、春休みの**「週間学習予定例」**をつくってみました。

これを参考に、ぜひ有意義な春休みにしてほしいと思います。

中3になる前の春休みの「週間学習予定例」

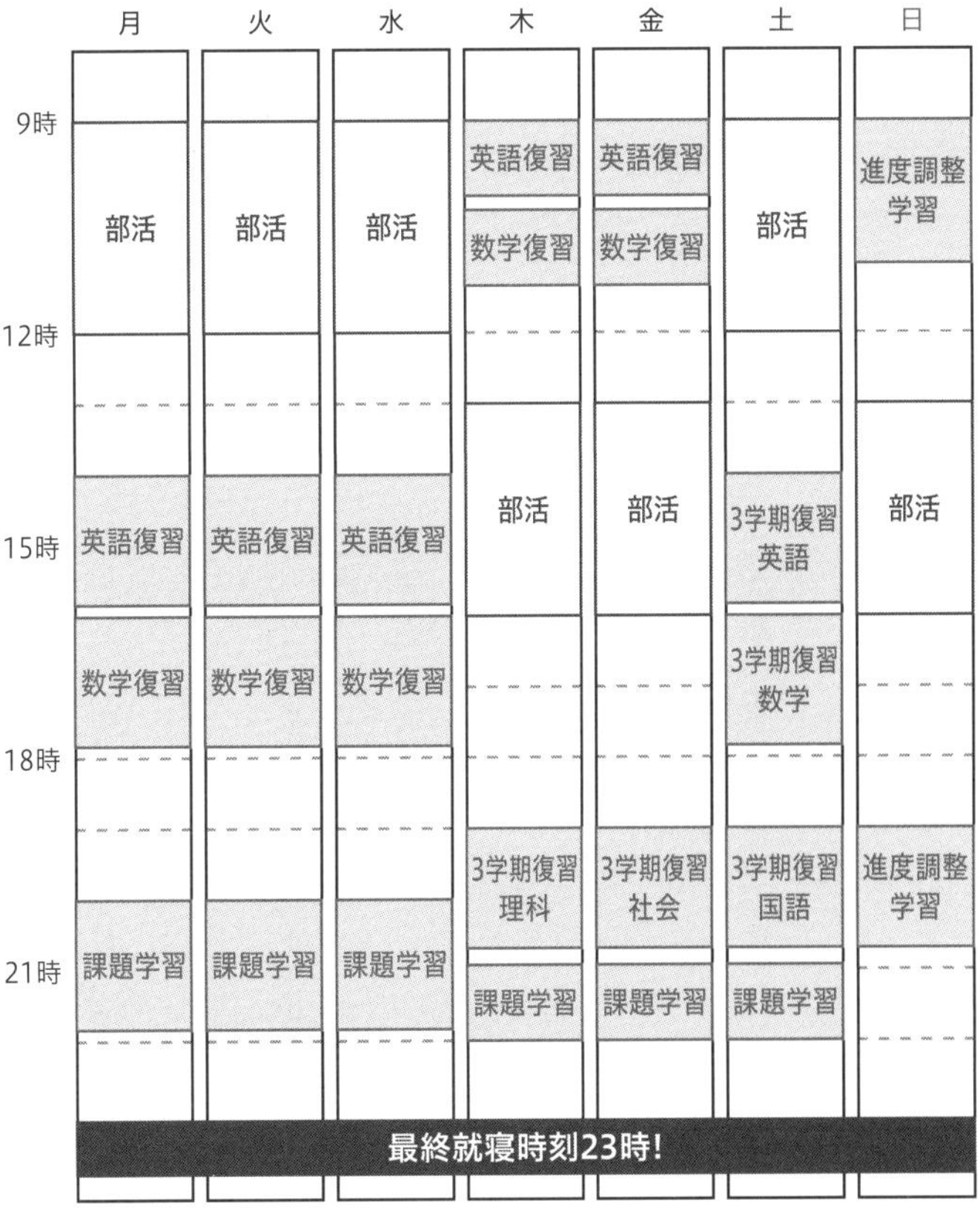

- 部活引退までは定期テストへ向けた勉強が中心。
- 積み重ね教科である英語と数学を復習する。
- 定期テストへ向けて中2の3学期の復習に取り組む。
- いろいろ試して「自分の勉強スタイル」を探っていく。

5 中3の1学期はどんな勉強をすればいいの？

それでは、この本のメイン内容である「入試勉強の具体的な取り組み」についてお伝えします（入試勉強を始める時期は中3の1学期というのがオーソドックスですが、教材の準備が整えば中2からのスタートも可能です。準備が整いしだい、すぐにスタートさせましょう！）。

第1章で確認した高校入試勉強全体についての大事なことを再度書いておきます。

「高校入試とは、いわばテスト準備期間1年の全範囲テスト」

「高校入試勉強は『3年間の復習』『過去問演習』『弱点復習』の3つをする」

これらを踏まえ、最初は「3年間の復習」にあたる部分として、**「入試向け教材5教科を2回復習すること」**の完成を目指して入試勉強をスタートさせます。

入試勉強スタート時の基本は「1日1教科1単元」

いろいろな目安をお伝えしますので、自分に当てはめて工夫していきましょう。

まずは取り組むペースの大まかな目安として、**「夏休みまでに各教科習った単元すべての1回目の演習完了」**を目指します（5教科の内申点合計が15以上の生徒を想定したペースです）。

そして、1日に進めるペースとしては、**「1日最低1教科1単元」**ずつ。

平日5日間で5教科1単元ずつ進める目安です。

ちなみに、このペースは愛知県の公立中学での取り組みをお手本にさせてもらっています。

実際に愛知県の多くの中学で、配付した入試向け教材を「1日1教科1単元」が毎日の宿題として課されていますから、ムリのないペースと言えるでしょう。

このペースを基本としながら、夏休みの開始までに終わるように、春休みやゴールデンウィークなどの大きな休みも利用して進度を調整してください。

次に、**「毎日の入試勉強時間の目安は1時間」**でOKです。

ただでさえ忙しい中学生の生活に、1時間入試勉強を追加で確保できたならば、それは素晴らしいことです。

ぜひ、日々の学校の宿題に加えて、入試勉強のために1時間確保してください。

中3の1学期が終わるまではまだ部活を引退していないので、この1時間の確保でさえも本当にきついでしょうが、だからこそ他の人と差がつくとも言えます。

日によって「入試勉強が30分だけしかやれなかった」などという日があってもかまいません。

平日に予定どおり進まなかったところは、**「週末」**でつじつまを合わせましょう。

72ページと73ページに**「中3の0学期と1学期の『週間学習予定例』」**と**「[通塾版]中3の0学期と1学期の『週間学習予定例』」**を掲載しました。

塾に通っている人は毎日の入試勉強が途切れてしまうかもしれませんが、塾に通わない日と週末を利用してつじつまを合わせ、ペースを築いてください。

ちなみに、ここでは愛知県の例をご紹介しましたが、中学校主導で入試教材演習自体が日々の宿題になっている場合は、その取り組み自体が立派な入試勉強ということになりますのでご安心ください。

また、実際に入試勉強時間を確保して取り組んでみようにも、どうにもうまく時間の確保ができない人もなかにはいることでしょう。

部活動や所属するクラブチームなどが熱心で、家庭学習時間が思うようにとれない人とか、勉強が苦手なために、単純に日々の学校の課題に取り組むだけで大きな時間を使ってしまう人など……。

そんな場合は、部活を引退するまでは入試勉強時間がゼロに近くなってしまってもしかたありません。

部活引退後に、できた時間を使って頑張って取り返していきましょう。

その一方、**「内申点対策」**は後回しにできませんから、今、学校で学んでいる学習内容を最優先にして過ごすようにしてください。

中3の0学期と1学期の「週間学習予定例」

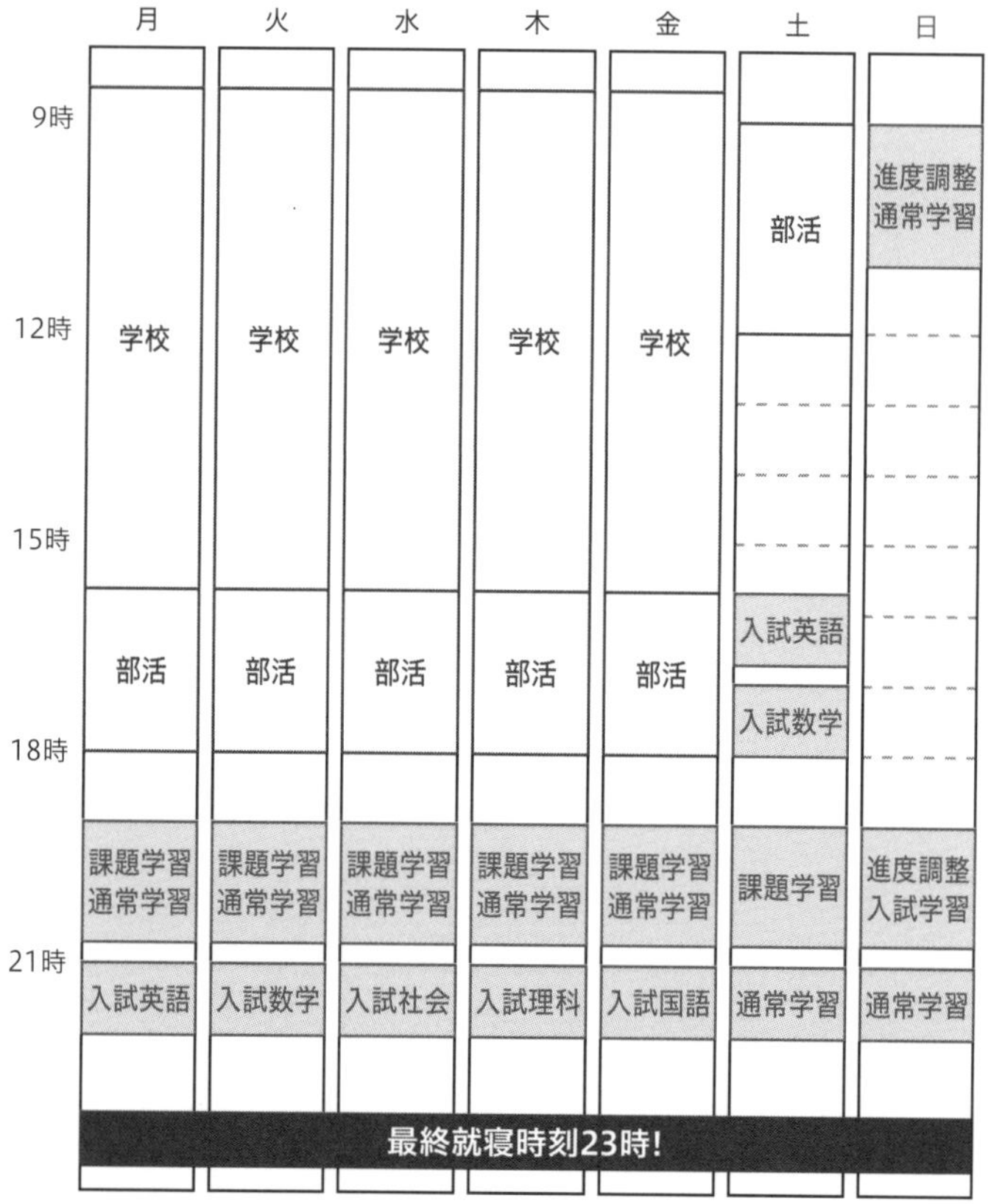

● 部活引退までは定期テストに向けた勉強（通常学習と課題学習）が中心。
● 入試勉強は平日１日１教科１単元を基本ペースに。
● 入試勉強の遅れは週末でつじつまを合わせる。
● 入試勉強は英語と数学を優先して進めていく。

通塾版 中3の0学期と1学期の「週間学習予定例」

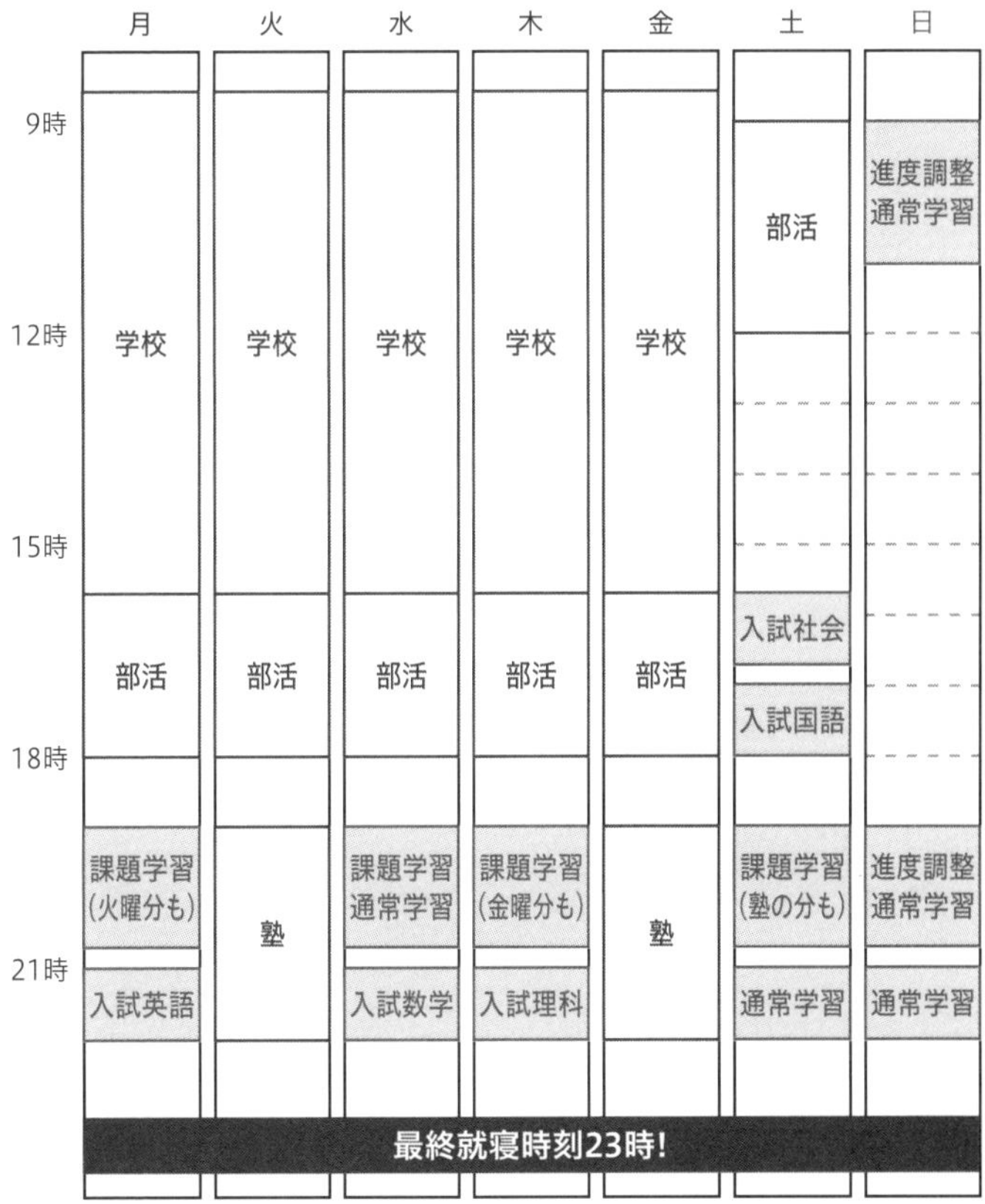

- 塾の日は学校の課題をやる時間がないので前日に実施。
- 入試勉強は塾の課題とバランスをとる。塾に相談を。
- あらゆる勉強の遅れは週末でつじつまを合わせる。
- 塾での指導が「入試勉強」や「通常学習」を兼ねる。

6 定期テスト勉強と入試勉強の両立にはコツがある

前の項目では具体的に日々の入試勉強の取り組み方について見たわけですが、しばらくすると**「定期テスト」**がやってきます。

なかには、「定期テストに向けた勉強と、入試に向けた勉強、どんなふうにやりくりしたらいいの？」などと困る人がいることでしょう。

そこでこの項目では、「定期テスト勉強」と「入試勉強」の両立の方法についてお伝えしておきましょう。

ここでは部活を引退するまでの中3の0学期と1学期を想定して**「週間学習予定例」**を示しながら説明します(なお、2学期・3学期については第5章でお話しします)。

大切なことは2点だけ。

「心持ち」と「時間配分」についてです。

まずは「心持ち」についてですが、一見、別物に思える「定期テスト勉強」と「入試勉強」ですが、**「どちらも入試勉強と考えて取り組む」**ことが大切です。

「そんなわけない」と思われるかもしれませんが、現在学んでいて次の定期テストの出題範囲となっている部分も、最終的には入試の出題範囲になりますよね。

別物ではなく、どちらも入試勉強。

「たまたま定期テスト範囲にもなっているだけ」といった心持ちでいたら、困ることもないはずです。

次に「時間配分」について。

ポイントは、「定期テスト勉強と入試勉強は日々、半々で取り組み、定期テスト2週間前から定期テスト勉強だけに取り組む」ことです。

基本的に高校入試は、公立高校であればどこの都道府県であっても**「内申点」**が必要になってきます。

そして、どこの都道府県でも中3の2学期までは確実に内申点が入試にかかわってくるので、定期テストで点数をとることがとても大切になってきます。

「心持ち」の部分でもお話ししたように、定期テスト範囲の勉強も立派な入試勉強ですから、定期テストの2週間前からは、すべての時間を定期テスト勉強に切り替えて取り組みましょう。

78ページと79ページに掲載したのは、中3の0学期と1学期の定期テスト2週間前と中3の全学期の期末テスト1週間前の**「週間学習予定例」**です。

2週間前だと部活もあり、まだ中学校から日々の課題が出ていることが多いでしょうから、それを組み入れた予定例になっています。

入試であっても定期テストであっても、仕上げる順は**「理解系科目から暗記系科目」**です。

2週間前は**「英語・数学」**に多くの時間を割くような予定にしましょう。

次に、期末テスト直前1週間の学習予定例で、**「副教科」**のところを見てください。テストの1週間前にはテスト範囲が判明しますから、副教科はここから取り組めるようになります。

副教科は暗記系科目で、入試でも扱われないので、期末テスト直前の週に全力で取り組むのが基本です。

副教科の各教科の勉強量については、**「テスト前日と、あと1回どこかで」**の2回勉強することをお勧めしています。

これは過去に私の塾に通っていたなかで、とくに勉強が得意だった生徒たちにアンケートをとって得た数値です。

あまり大きな時間を割かないのも印象的でした。副教科は筆記よりも実技が大きくかかわることをよく理解しているのかもしれませんね。

また、直前の1週間は暗記系を攻略するために**「理科・社会」**に多くの時間を割くような予定にしましょう。

テスト前日は、**「次の日のテスト教科」**を最終仕上げで取り組みます。

ここまでは、ざっと全学年共通の定期テストの取り組み方をお伝えしましたが、中3生ならではの取り組みが、仕上げに**「入試向け教材」**を使用することです。

先に定期テスト向け教材を完璧にすることが条件にはなりますが、仕上げの勉強にはぜひ入試向け教材を使用して、仕上がりを**「入試レベル」**まで上げていきましょう。

上位校を目指す人は、ぜひこの取り組みを実践してみてください。

定期テスト2週間前版　中3の0学期と1学期の「週間学習予定例」

	月	火	水	木	金	土	日
9時	学校	学校	学校	学校	学校	部活	定期テスト勉強理科
12時	学校	学校	学校	学校	学校		
15時	学校	学校	学校	学校	学校	定期テスト勉強英語	定期テスト勉強社会
	部活	部活	部活	部活	部活	定期テスト勉強数学	進度調整
18時							
	定期テスト勉強英語	定期テスト勉強数学	定期テスト勉強理科	定期テスト勉強社会	定期テスト勉強国語	定期テスト勉強英語	進度調整
21時	課題学習	課題学習	課題学習	課題学習	課題学習	課題学習	進度調整
	最終就寝時刻23時!						

- 定期テスト2週間前からすべて定期テスト勉強にする。
- 2週間前は理解系科目の英語・数学に多く取り組む。

期末テスト直前1週間版 中3の全学期の「週間学習予定例」

	月	火	水	木	金	土	日
9時〜	学校	学校	学校	学校	学校	定期テスト勉強理科	明日のテスト勉強技家
12時〜							
15時〜						定期テスト勉強社会	明日のテスト勉強社会
	定期テスト勉強英語	定期テスト勉強数学	定期テスト勉強理科	定期テスト勉強社会	定期テスト勉強国語	定期テスト勉強理科	明日のテスト勉強数学
18時〜							
	定期テスト勉強数学	定期テスト勉強理科	定期テスト勉強社会	定期テスト勉強国語	定期テスト勉強英語	定期テスト勉強社会	明日のテスト勉強社会
21時〜	美術学習	保体学習	音楽学習	技家学習	進度調整	進度調整	技家学習
	最終就寝時刻23時!						

月曜はテスト初日で
1社会
2数学
3技家

- 直前1週間は副教科にも取り組む。
- 直前1週間は暗記系科目の理科・社会に多く取り組む。
- テスト前日は次の日のテスト教科だけに取り組む。

7 さらに上を目指す子のプラスアルファ入試勉強——1学期編

「入試勉強って、本当にそんな程度でいいの？　私はまだ余力があるから、プラスアルファの入試勉強の進め方について教えてほしい！」

ここまでを読んでこんな感想をもった人へ向けて、その方法をお伝えしておきます。

一番のお勧めは、「現在、学校で習っている単元を入試教材でも取り組む」という方法です。

高校入試は、基本的に内申点と入試当日点との両方が必要になりますから、学校の定期テストを無視して入試勉強だけに取り組む、というわけにはいきません。

そこで、**「内申点のための定期テスト勉強」**と**「入試当日点のための入試勉強」**を重ねてしまおうというわけです。

具体的には、まずは学校配付の教材を定期テスト勉強として取り組んで仕上げたら、そこから入試向け教材で同じ単元に取り組んでいきます。

入試向け教材は、もちろん入試レベルの問題まで収録されていますから、さらに上を目指す人にはちょうどいいでしょう。

本来、定期テスト前になると入試勉強をストップしがちですが、こうすることで定期テスト勉強をしながら入試勉強も進めることができますよね。

目標としては、テスト範囲となっている各教科の単元について、**「定期テストのときにじっくりと入試レベルまで仕上げたので、あらためて戻って復習する必要がなくなった！」**という展開です。

ぜひとも実行したい作戦ですね。

その他の作戦としてあげられるのは、単純に「1日の入試勉強の内容を増やす」というものです。

「1日1教科1単元」を基本にしましょうとお伝えしましたが、余力があれば、ここを**「1日2教科1単元ずつ」**とか**「1日1教科2単元」**など、勉強内容のボリュームを増やしてみてください。

2単元ずつ進めるとなると、単純にボリュームが倍になりますから、口で言うほどたやすいことではありませんが、上位校を目指すならば、週末も利用しながら挑戦してみてほしいところです。

先ほどお伝えしたように、学習進度としては**「入試向け教材は5教科習った単元1回目の演習を夏休み前に終えること」**を目安にしてほしいところです。

ただし、5教科の内申点の合計が20を超える子であれば、もっと早いペースで終えてしまい、次の取り組みに入ってほしいと思います。

1日2単元の進度であれば**「夏休み前に5教科習った単元2回目の演習を終えること」**も可能になってきます。

部活がまだある1学期は体力的にもハードになりますが、ゴールデンウィークも利用して、どんどん取り組んでいきましょう。

先にもお伝えしたように、入試勉強にフライングはありません。

盛大なフライングでスタートを早めることも視野に入れながら、目標とするペースで進められるようにしてください。

8 中学校の「進路相談懇談会」の賢い攻略法

おまけのような内容になりますが、夏休みまでの重要イベントになるので、ここで中学校の**「進路相談懇談会」**についても触れておきます。

多くの地域で、夏休み直前の時期に進路相談も兼ねた**「三者懇談会」**が中学校で行われます。

塾に通う人にとっては、塾でもこの時期に「三者懇談会」がありますね。

この進路相談での親子の立ち回り方についてアドバイスをしておきます。

まずは生徒本人。

唯一のアドバイスは、「今の実力よりも高い志望校を伝える」ということです。

仮の志望校の決定のところでもお伝えしましたが、志望校以上の力は簡単に出ないようになっています。そしてじつは、これはその生徒を見守る学校の先生や塾の先生にも当てはまるのです。

たとえば、今の実力で充分に合格がもらえそうな高校名を、この懇談会で伝えたとします。言われる先生のほうとしては、「この調子で頑張れば合格してくれそうだ」と内心ホッとして、肩の力が少し抜けるのです。

これは25年もの間、毎年、進路相談をしてきた私が言うので、間違いないです。

先生たちはすべての生徒の志望校合格を目指して指導していますから、**「心配のタネが1つ減った」**と、無意識のうちにその生徒を気にかけるパワーが下がるのです。

だから、もしも本気で勉強をしたくて、先生たちに入試当日まで本気で見守っていてほしいと思うならば、今の実力よりも高い志望校を伝えてください。

まだ志望校が定まっていなかったとしても、今以上の学力を身につけるため、この立ち回りをすることをお勧めします。

ただし、これは勉強への気持ちが本気のときだけパワーを発揮する作戦です。

ぜひ使ってほしいと思いますが、その際はしっかりと覚悟して臨んでください。

さて、もう1つのアドバイス、今度は保護者に懇談会で実行してほしいものです。

これからお伝えするのは、じつは進路相談の懇談会にかぎらず、中1の懇談会から使ってほしい内容でもあります。

それは、「わが子の学校での勉強への取り組みを質問する」というものです。

保護者は、こんなセリフで先生に質問をしてください。

「先生、うちの子は提出物をしっかり出せていますか？ 授業の取り組みの様子はどうでしょうか？ テストの点数以外で直すべき部分があれば教えてもらえませんか？」

通知表の各教科「関心・意欲・態度」欄にて3段階で評価がされてはいますが、具体的にその評価になった理由を担任の先生に教えてもらうのです。

学校の授業中の態度や提出物がどうなっているかは、親が知ることは難しいですからね。

「ちゃんと学校の授業は聞いているの？」などという親のセリフへの子どもの返事は、聞いていても聞いていなくても結局、「聞いているよ」になってしまいます。

なぜなら、ちゃんと聞いている子は普通に「聞いているよ」と答えますし、聞いていない子にしても、正直に答えると都合が悪いので、口先だけで「聞いているよ」と答えがちだからです。

正しい情報を手に入れて、正しく改善していくことを目指すのです。

私は、先生にこの質問をすることで、保護者にも先生にも子どもにも、いい影響が出ると思っています。

まず保護者には、先生から**「リアルで正しい学校でのわが子の情報」**が入ります。

今までの本人の申告とズレがあれば、さっそく「家族会議」を開催しましょう。

先生には、**「勉強への熱が高いご家庭なんだな」**という認識をもってもらえ、今後、学習指導面で気にかけてくれることが期待できます。

子どもは、**「そんなことを毎回、聞かれるなら学校で手を抜けないなあ」**と覚悟をもって勉強してくれるようになるかもしれません。

以上の2点を踏まえ、担任の先生と親子の3人で入試に向けて協力体制がつくれるように懇談会に参加してください。

第3章

＼実力がグンと伸びる！／

［教科別］高校入試勉強法＆模試活用法

1

5教科にはそれぞれ固有の特徴がある

この章では、入試勉強をどう進めていくかを**「教科別」**に詳しく見ていきます。

まずは5教科すべてについて、どのように取り組めばいいのかの全体像を確認していきましょう。

次ページの図を見てください。

これは各教科の特徴を踏まえて、季節ごとにどの教科に時間を割いて取り組んでほしいかを表したものです。

この図で伝えたいことは、以下の2点です。

「英語・数学を先に仕上げ、理科・社会を後で仕上げる！」

「国語は少しの割合で一定時間取り組む！」

英語と数学を先に取り組む理由は、理解系の教科は覚えたら記憶から抜け落ちにくいから。

季節ごとの学習時間割合例

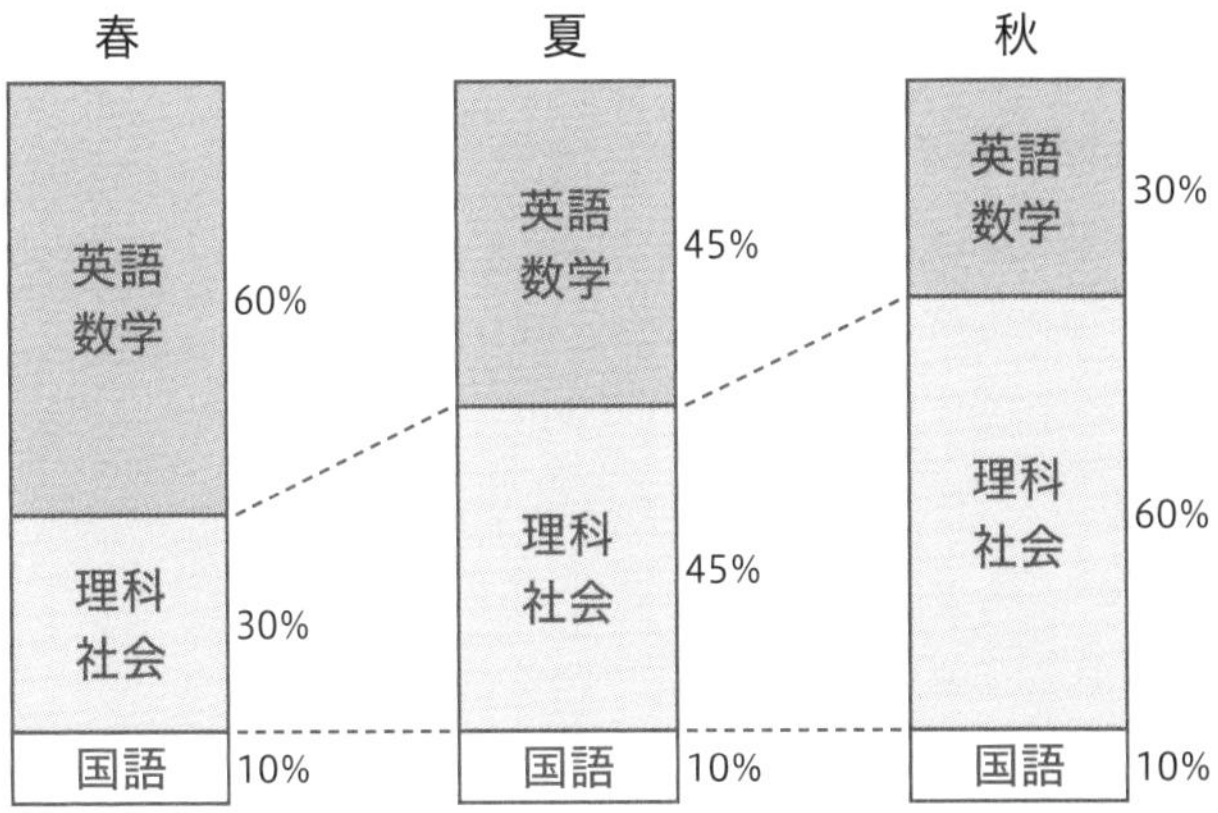

そして、積み重ねの教科なので、中3で学ぶ英語と数学の授業の理解を助けるからです。

一方、理科・社会は後から重点的に取り組みます。

後から取り組む理由は、積み重ねではなく単元ごとで独立している教科なので、早い時期から取り組むメリットがあまりないから。

そして、暗記要素が多い教科なので、早々と取り組んでも記憶から抜け落ちやすいからです。

「英語と数学は春夏で大半を終えて、理科と社会は夏から本腰を入れて取り組み始める」といったイメージでいてください。

このイメージを、具体的にスケジュールにはめ込んでみます。

春「平日の5日間は1日1教科で5教科、土日に英数」
夏「平日の5日間は1日1教科で5教科、土に英数、日に理社」
秋「平日の5日間は1日1教科で5教科、土日に理社」

前ページの図で示した割合から多少のズレはあるものの、たとえばこんな形です。

平日は5教科バランスよく取り組んでおいて、週末の取り組みで割合を調整するといいでしょう。

なお、国語は付け焼き刃的な対策が効かず、学習成果が出るまでに時間がかかる教科です。

さらに学習成果の出方に個人差が大きく、他教科に比べて「爆発的に偏差値が伸びた」という展開が少ない教科と言えます。

したがって、国語は大きな時間を割かず、一定時間コツコツ取り組むのがいいでしょう。

以上、教科それぞれの特徴と全体像の確認を終えたので、次の項目からは各教科について具体的に見ていくことにします。

2 英語の入試勉強は「先手必勝！」でいこう

英語の入試勉強をする際には、まずはあなたが住んでいる都道府県の**「英語の公立入試問題」**を確認するところから始めましょう。

「○○県　英語　公立入試問題」とネット検索をかければ、即たどりつけるはずです。

「え？　こんなに長い英語の長文が出るの？　英語の教科書の長文ですらヒーヒー言っているのに、初めて読む英語長文を時間制限つきで解くことなんてできるの？」

初めて見たときには、こんな感想が最初に出るのではないかと思います。

地域によって長文の長さは違いますが、いずれにしても、**「時間内に英語長文を読んで、内容を理解して問題に答える」**という力が入試には必要になってきます。

この力を身につけることを目指して勉強していきましょう。

見出しにも書きましたが、**「英語の入試勉強は先手必勝！」**です。

早めに取り組んで早めに勉強が仕上がれば、安定して点数がとれる**「頼れる得意教**

科」に成長します。理解重視の積み重ねの教科なので、一度仕上がれば記憶から抜け落ちにくいというメリットがあります。先手必勝で取り組んでいきましょう。

さて、それではどんな力から身につけていけばいいのかということですが、答えは**「英単語の力」「英文法の力」**です。

まずはこの2つを身につけられるように、スタートを早めて取り組みましょう。

とくに「英単語」はいくらでもフライングが可能です。中2からでもスタートできますから、市販の英単語本を購入して、いち早く取り組むことをお勧めします。

成績が中下位の子は基礎の英単語を覚えきれていないことが多いですし、上位の子も難関私立高校の入試では習っていない単語がガンガン出題されます。

学力に応じて必要な英単語を学んでおくと、高校入学後の学習もスムーズでしょう（長文を読むために取り組むので、英単語の意味がわかればOKです。定期テスト勉強時のように、書けるようになるまで練習する必要はありません）。

市販の英単語本のお勧めは、暗記用のアプリも用意があるもので**『高校入試 でる順ターゲット中学英単語1800 四訂版』（旺文社）**か**『高校入試 ランク順 中学英単語**

1850』（学研プラス）です。

掲載語数は1800語ほどありますが、800語ほど覚えれば入試の英語長文は9割近く読めるようになります（令和3年時点）。

内申点2以下の人は最低800語、内申点3の人は最低1200語、内申点4以上の人は1800語すべて覚えることを目指すといいでしょう。

夏休みが終わるまでに1回やり終えることができると、その後の勉強にゆとりが出てきます。進めるペースの参考にしてください。

「英単語の力」の次は**「英文法の力」**です。

こちらも先手必勝です。スタートは英単語の勉強が終わってからではなく、英単語の勉強のスタートと同じタイミングで始めましょう。

英文法の勉強は英単語と違って、まだ習っていない文法事項に関しては取り組めないので、今までに習ったものをひととおり復習することが目標です。

用意した入試向け教材で取り組みましょう。

こちらも夏休みが終わるまでには、ひととおりの復習を終えたいところです。

「英単語の力」と「英文法の力」がひととおり身についたら、いよいよ**「英語長文読解の力」**を身につけるための勉強に入っていきます。

できれば夏休み、遅くとも2学期にはスタートできるといいですね。

長文読解の教材は、用意した入試対策教材を使って取り組んでいけたらいいのですが、長文が苦手な人は短い文章から練習ができるように、別の長文読解教材を用意して取り組むのでもいいでしょう。

長文読解が苦手な人にお勧めの市販教材は**『実戦！ 英語長文はこう読む!!――高校入試』（富士教育出版社）**です。

この教材は、過去に私の塾での指導に採用したこともある、お気に入りのものです。短い文章から順に練習ができる、とてもよくできた教材です。

英語長文読解に困ったら使ってみてください。

また、英語長文読解と同じタイミングで**「リスニング対策」**も始めておきましょう。

英単語と英文法の学習をひととおり終えていれば、リスニング台本の英文の意味は読んで理解できるはずです。それができれば、後は聞いて理解をする練習です。

今の入試対策教材はQRコードがついていることが多く、リスニング対策も含まれているはずですから、基本的にはそのまま用意した教材で進めます。

しかし、「まだ耳が英語に慣れていなくてついていけない」というときは、また別でリスニング対策をしていきましょう。

リスニング対策には、紙の教材ではなくて**「リスニングハッカー」**というアプリをお勧めしています。私の塾でも生徒に取り組んでもらっている素晴らしいものです。

英語の音声変化について学ぶもので、このアプリにひととおり取り組むと、グッと英文が聞きやすくなります。

私の塾の生徒たちも、このアプリに取り組んだ後はリスニングの点数をグングン上げています。無料アプリですし、やらない手はないでしょう。

以上が英語の入試勉強のおおまかな流れです。

最初にお伝えしたように、英語は先手必勝で、先に仕上げることを目指しましょう。

理想は**「2学期が終わるまで」**に長文もリスニングも入試レベルで仕上げることです。

3 数学の入試勉強で力を入れるべき単元は？

「数学」も英語と同じで、**「理解重視の積み重ねの教科」**であり、**「一度仕上がれば記憶から抜け落ちにくい教科」**と言えるでしょう。

したがって、英語と同様に早く仕上げていきたい教科です。

数学も、最初に実際の入試問題を見てきてください。

おそらく**「数問の計算問題からスタートして、証明や資料の整理、角度などの問題を経て、後半で難問の関数や図形」**という構成だったのではないでしょうか。

愛知県が例年この構成で、後半の関数と図形で難問が出題されています。

他の都道府県も難問の出題傾向が同じ感じではないだろうかと、入試問題1問ごとの正答率を公表している地域の問題と正答率をすべて調べてみました。

その結果が次ページの表です。

正答率を公表している23都道府県で**「難問がどんな単元で出題されているのか？」**を

正答率20%以下の数学出題単元分布

計算	規則性	確率	資料の整理	関数	平面図形	立体図形
10.8%	7.1%	1.4%	1.4%	**20.3%**	**40.1%**	**18.9%**

難問が出やすい単元！（関数・平面図形・立体図形）

※ 令和２年度の公立高校入試問題23都道府県分の１問ごとの正答率を集計。
正答率20%以下の問題106問中での単元別割合。

調べてみました。

正答率20%以下の問題は全部で１０６問ありましたが、単元の分布が予想どおりの展開でホッとしています。

愛知県同様、日本全国でも入試の数学で難問が出やすいのは、**「関数」「図形」**と言ってよさそうです。

計算の単元から意外に多く難問が出ていることに驚きましたが、これは単純な計算問題ではなく、他の単元との融合問題であったりするものが大半でした。

全体的に見れば、やはり「計算」の単元は一番正答率が高くなっています。

さて、入試問題のこんな出題状況を踏まえて、数学の入試勉強作戦をお伝えします。

「数学の入試勉強は、1にも2にも計算力をつけること」です。

計算力をつけることが重要になる理由は2つあります。

1つ目は、「数学の入試問題で最初に出題される計算問題は正答率がとても高く、間違えることが許されない」からです。

上位校を目指す子は全問正解が当たり前で、ここでミスをすることは合否にまで影響を及ぼすほどの痛手になることもあります。

中下位校を目指す子は、最初の計算問題で点数をとり逃がすと、その後で点数がとれるところがほとんどないということにもなりかねません。

このとおり、どんなレベルの学力の子にとっても、計算力は必要になるのです。

2つ目は、「計算力は数学全般にわたる基礎の力であり、すべての単元の問題で必要になってくる」からです。

計算なしで正解にたどりつけるような問題は、ほぼ出題されません。

こんな理由から、計算力をつけることが何よりも大切になっているのです。

中3の1学期には計算単元をすべて習い終えるはずなので、夏休みが終わるまでには**「正確な計算力」**を身につけましょう。

インターネットに掲載されている過去問で計算問題だけを数年分解いてみて、ミスなしで演習できたら合格です。

もちろん、合格したらもうしなくてもいいということではありません。

計算の練習は、運動にたとえると筋トレやストレッチなので、数学の勉強に取り組むときにウォーミングアップがてら毎回、5問くらい解くことをお勧めします。

計算の入試勉強をひととおり終えたならば、その他の単元を勉強していきます。

この段階に入った子へ向けて、先ほどの表で示した難問の単元を踏まえて、もう1つ数学の勉強作戦をお伝えしましょう。

それは、「過去問を見て、点をとる単元を決める」というものです。

第2章の「高校入試勉強の3つの基本作戦」でもお伝えしましたが、入試では満点ではなく、合格最低点を超える点数を目指します。

志望校が定まれば、必要な当日点の目安がわかり、そこから逆算して各教科の目標点を決めることができます（合格最低点の調べ方は第6章で説明します）。

数学の目標点が決まれば、過去問を見てどこで点をとるのかということについての目星をつけることができるのです。

「目標は9割だから、難問の空間図形以外は、すべてとるつもりで勉強しなきゃ」

「目標は5割だから、計算と角度と証明と確率を徹底的にやるぞ！」

こんな感じで自分の目標に合わせて点をとる単元を決め、その単元の演習に力を入れるのです。

単元分布表で示したとおり、関数や図形は難問の出題が多いので、目標が5割の子は点をとる目標単元とはなりにくいですが、愛知県のように「関数の1問目だけは正答率が高くて簡単」ということもあるので、よく確認するようにしてください。

繰り返しになりますが、1問ごとの正答率が公表されている都道府県の人は、正答率を参考にして、どの単元で点をとるのかを決めるようにしましょう。

ちなみに令和3年時点で正答率が公表されているのは、こちらの23都道府県。

「北海道・青森・秋田・山形・福島・新潟・栃木・埼玉・東京・千葉・神奈川・山梨・岐阜・滋賀・奈良・大阪・兵庫・鳥取・広島・高知・福岡・宮崎・鹿児島」

公表されていない府県の人は、代わりに**「模試の正答率」**を参考にしてください。

4 社会の入試勉強は「歴史」の攻略がカギ

社会は英語・数学のような理解系教科ではなく、**「暗記系教科」**と言えるでしょう。したがって、英語・数学に比べて時間の経過とともに記憶から抜け落ちやすいとも言えます。

この特性を踏まえて、社会は夏休みごろから本腰を入れて取り組みましょう。

歴史・地理・公民の3分野はどこから勉強を始めてもいいのですが、どんな入試対策教材でも掲載順は**「地理→歴史→公民」**になっています。

この掲載順の理由は簡単で、単純に中学校で学び終える順で並んでいるだけです。基本的に地理は中2の3学期で学び終わりますからね。

こだわりがなければこの順で取り組むといいですが、地理や公民に取り組んでいたとしても、夏休みに入ったら一時休止して歴史の勉強に取り組むことをお勧めします。

「社会の入試勉強は、歴史を夏休みに一気に取り組め！」というのは、暗記系教科の社会の勉強でお伝えできる数少ないアドバイスです。

こちらも理由は簡単。**歴史だけは一連の流れがあるものだからです**。前後の関連も含めて理解すべく、一気に取り組んだほうがいいだろうという考えですね。

社会の入試勉強の進め方に関しては以上ですが、社会は伝えることが少ないので、少しだけ実際の取り組み方についてもお伝えしておきます。

昔の社会の入試問題というのは、「1600年に起こった天下分け目の戦いは？↓関ヶ原の戦い」「人口増加を抑えるために中国で行われた政策は？↓一人っ子政策」というような、本当に「暗記教科」という表現がぴったりの簡単な問題ばかりでした。

よく内容をわかっていなくても、文字面の雰囲気で暗記をしてしまっていても、なんとかクリアできてしまうような問題がよく出題されていました。

しかし、今の社会の入試問題はそうではなく、暗記事項を踏まえて、それを活用するような問題が出題されるようになっています。

1つひとつの事柄についてしっかり理解をしていないと、歯が立たないのです。

昔に比べてより丁寧な取り組みが必要になるので、取り組み方としては**「社会の学習時は必ず教科書を机に出して問題に取り組む」**ことを強くお勧めします。

入試にかぎらず、社会は教科書以上の内容は出題されない教科です。

1つひとつの内容を深く正確に理解するために、知っている知識を再度脳に刻み込むために、毎回、教科書を机に置くようにしてください。

教科書で調べる癖をつけて、ボロボロになるまで使い込んでいけるといいですね。

気をつけるべきは、その教科書を使うタイミング。常に机に置いて取り組みますが、**「教科書の出番は問題を解く前と、解き終えてからだけ」**です。

問題を解いているときに「あれ？　なんだったっけ？」と教科書で調べてしまっては、まったくの無意味になります。

また、問題すべてを教科書で調べながら解いていく子もいますが、取り組み方として大間違いです。こちらもまったくの無意味になります。

「覚える↓思い出す」という取り組みのプロセスのなかで記憶に刻まれていくのに、間違った教科書の使い方をしているようでは「覚える」も「思い出す」も実行できません。

やっていることは解答を書き写しているのと、ほぼ同じ。

社会は教科書を日々正しく役立てて、丁寧に取り組んでいってくださいね。

5 理科の入試勉強は「物理」と「化学」からスタート

理科は、基本的には社会と同じ**「暗記系教科」**と言えます。

ただ、中学の理科という教科は、高校入学後に理系を選択した生徒たちの大半が選択する「物理」「化学」分野を含む教科です。

この「物理」「化学」分野は暗記要素も含むものの、計算を必要とする問題が多く、「暗記系」というより**「理解系」**の単元と言えます。

したがって、**「暗記系単元と理解系単元が合わさった教科である」**ということを踏まえて、理科の勉強に取り組んでいきましょう。

入試勉強としてのコツは1つだけ。

「物理・化学を先に取り組む」です。

理科も社会と同じように、基本的には各単元につながりがないので、好きなところから学ぶことができますが、物理と化学分野を先に取り組むことをお勧めします。

正答率20%以下の理科出題分野分布

物理	化学	生物	地学
45.3%	**28.1%**	14.0%	12.5%

難問が出やすい単元!

※ 令和2年度の公立高校入試問題23都道府県分の1問ごとの正答率を集計。
正答率20%以下の問題54問中での単元別割合。

この本をここまで読んでいただいていれば、その理由もおわかりですよね。

「理解系単元は暗記系単元に比べて記憶から抜け落ちにくい」という理由からです。

さて、理科も数学と同じように、入試問題1問ごとの正答率を公表してくれている都道府県の問題と正答率をすべて調べてみました。

難問が出題されやすい単元とか、簡単な問題が出題されやすい単元とかが見えてくると、レベルに応じて取り組みやすくなりますよね。

調べてみた結果が上の表です。

「正答率20%以下の難問は物理・化学分野

での出題が多く、その割合は7割を超える」という事実がわかりました。

これを踏まえて、もう一歩踏み込んで理科の入試勉強についてアドバイスをすると、

「**目標点が平均点以下であれば、入試直前は生物・地学分野を中心に取り組む**」

「**目標点が高得点であれば、入試直前は物理・化学分野を中心に取り組む**」

ということですね。

目標点が平均点以下であれば、正答率が高い問題を確実にとることが最重要です（正答率が高い問題が出やすい分野の理解度を上げることに時間を割くという作戦）。

目標点が高得点であれば、他の子と差がつく難問をとれるようにすることが必要です（物理・化学の難問に挑戦することに時間を割くという作戦）。

具体的に書いてみると、目標点が平均点以下であれば、「**春夏で『物理・化学』→夏秋で『生物・地学』→冬以降は『生物・地学』を中心に演習**」です。

難関校を目指していて目標点が高得点であれば、「**春夏で『物理・化学』→夏秋で『生物・地学』→冬以降は『物理・化学』を中心に難問演習**」です。

自分の得意・不得意を考えながら、理科を勉強する際の大きな流れの参考にしてみてください。

6 国語の入試勉強でとくに取り組むべきことは2つある

5教科のラストは「国語」の入試勉強です。

この章の冒頭でも書きましたが、国語は生きてきた年数で育んできた力に左右される要素が大きいので、付け焼き刃的な対策が効きにくい教科です。

これを踏まえて取り組みたい勉強は2つです。

1つ目は、「こまめな意味調べと語彙本で語彙力を強化する」です。

「1つひとつの語句の意味がわかっていない状態なのに、『長文になったら意味がわかるようになった』ということはありえない」というのは、国語や英語の長文問題の勉強を語るときに指導者がよく使うお決まりのフレーズです。

もちろん、文章の前後の流れから、わからない語句の意味を想像して読み進めるということもあるでしょう。

しかし、わからない語句が多すぎるときには、この技も使えません。

だからこそ、「まずは文章を構成する『語句』に丁寧に取り組もう」と言っているのです。

語句の勉強の基本は、**「日常の語句調べ」**です。

わからない語句が日常生活のなかで出てきたときには、すぐに調べる癖をつけていきましょう。

勉強しているときだけではなく、家族と話しているとき、友だちと話しているとき、はたまた本やネットで知らない語句に出くわしたときに、スッと調べるのです。

語彙の豊富さは、社会に出てから大きな財産になります。

日常の語句調べに関しては、高校入試にかぎらず、一生の習慣にしてください。

また、こういった日常の語句調べに加えて、余力があれば取り組みたいのが**「市販の語彙本」**です。

神奈川県のように上位校のみ別の問題を用意しているような入試問題のレベルが高い都道府県では、塾でも語彙本で重要語彙を身につけていく指導を行っています。

市販されているお勧めの語彙本は、**『中学 国語力を高める語彙1560（自由自在**

Pocket）」（増進堂・受験研究社）ですね。

首都圏の大手塾が監修をしている良書です。

これらの取り組みは、指導者がいなくとも実行できる取り組みですよね。

ぜひ、積極的に語彙を増やしていってほしいと思います。


取り組んでもらいたいことの２つ目に話を移します。

それは、「読解問題を実際に解いて、読解力を身につけていく」です。

ただし、実際の読解問題に対する具体的な勉強に関しては、正直に言ってしまうと「独学では成果が出づらい」と思っています。

たしかに読解問題を練習するような市販教材もありますが、「文字で説明をしている読解問題の本に書いてあることは、読解問題が本当に苦手な人は理解できない」というもどかしい状況があるからです。

もしも「読解問題を実際に解いて勉強していきたい」ということであれば、私はプロに指導をお願いすることをお勧めします。

国語専門塾であったり、入試国語の読解問題指導を引き受けてくれる塾を探して、通えるといいですね。

夏休みなどの期間を利用して、スポット的に学ぶのもありかもしれません。

「どうしても独学で読解問題の対策をしたい」という人に私が自信をもってお勧めする入試向け市販国語教材は『やさしい中学国語』（学研プラス）です。

予備校講師である著者が、中学生でも理解できる表現の柔らかさで、会話形式も利用して説明してくれています。

国語全般をカバーしている本で、辞書のような厚さに圧倒されるかもしれませんが、まずは後半の読解について書かれた個所だけでも読んで、演習問題に取り組むようにするといいでしょう。


さて、入試における国語について、47都道府県の出題傾向を令和2年度の問題で調べてみました。

すると、「漢字」「読解」「古典」は日本全国どこでも必ず出題されることがわかりました。

残りの分野が、住む場所によって分かれます。

国語出題分野47県出題頻度

漢字	読解	古典	聞き取り	国語知識	文法	作文
47/47県中	47/47県中	47/47県中	3/47県中	40/47県中	39/47県中	38/47県中

日本全国で必ず出題！

※ 令和2年度の公立高校入試問題47都道府県分の出題分野を集計。
読解は説明的文章・小説・随筆、古典は古文・漢文。

「聞き取り」は秋田・岩手・千葉の3県だけでの出題。

「国語知識」とは具体的には四字熟語やことわざ・慣用句ですが、7県で出題なし、「文法」は8県で出題なし、「作文」は9県で出題なしです。

自分の地域では出題がどのようになっているかを過去問で確認し、**「『読解』以外の出題分野の勉強を優先的に取り組む」**といいと思います。

これは、「読解」分野が独学での取り組みが難しいからこその提案でもあります。

「作文」の出題があるのならば、先生などに頼んで添削をしてもらって勉強してください。

7

模試の偏差値に注目して志望校を絞り込もう

高校入試を目指すうえで**「模擬試験」**はとても大切になってきます。

ここでは模試を高校入試に利用していくうえで知っておいてほしいことをお伝えします。

まずは基本中の基本の注意点、**「模試は点数ではなく偏差値を見る」**ということからご説明しましょう。

偏差値とは、簡単に言うと、**「模試を受けた人たちのなかでどれくらいの位置にいるのか？」**ということを表している数値です。

平均点と同じ点数をとると50という数字になり、受験者たちのなかでちょうど真ん中の位置にいることを表します（次ページの図を参考にしてください）。

入試を目指す同学年の子どもたちのなかでの位置を知るために、偏差値を見ていくこ

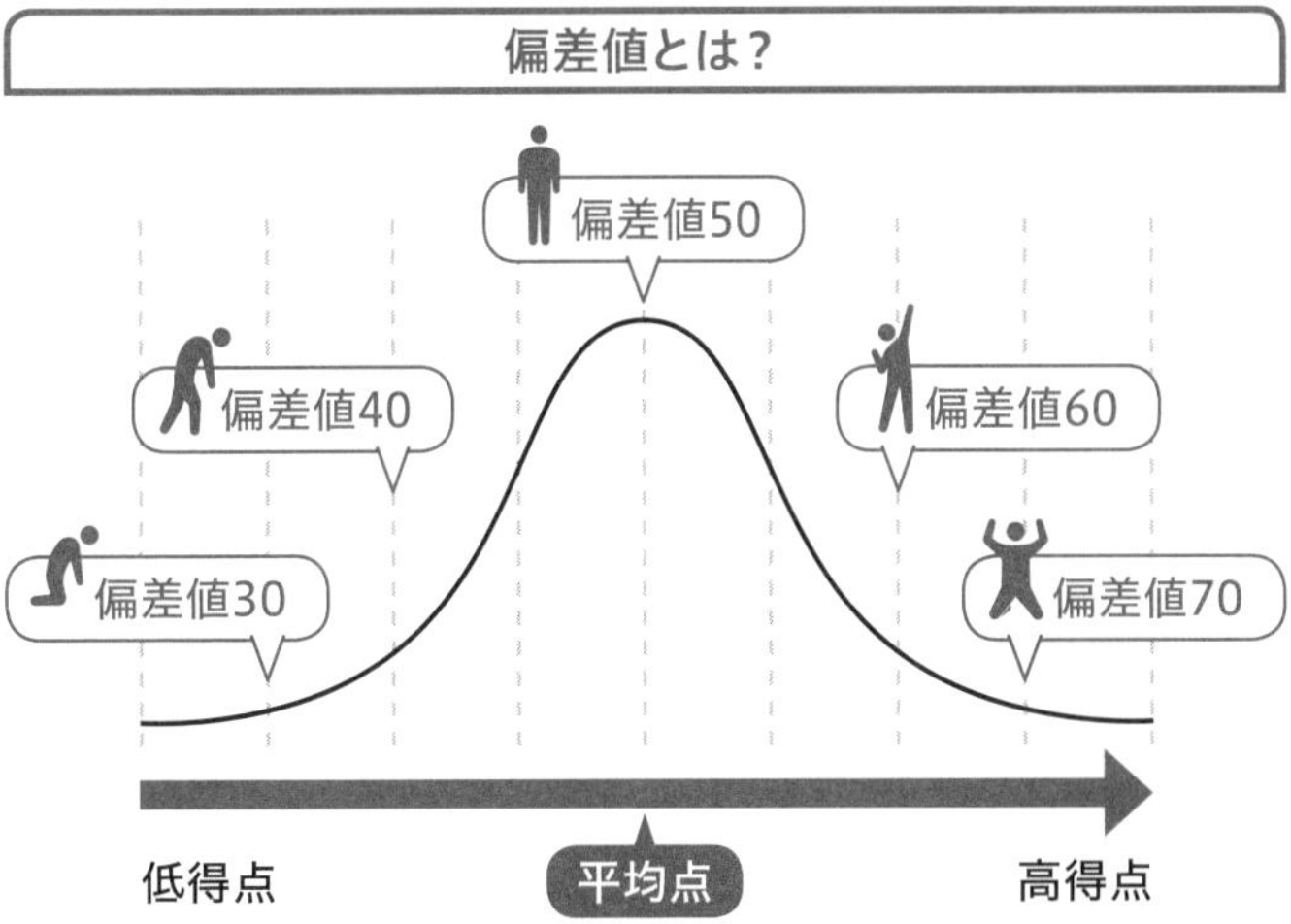

とが模試では大切です。

実際、高校のランク表は偏差値をもとに上位から並べてつくられていますからね。

模試の結果が返却されたら、まずは偏差値をチェックしていきましょう。

偏差値についてもう1つ大切な注意点をお伝えすると、**「偏差値は使いまわし禁止」**ということです。

偏差値は受けた人たちのレベルによって、その数字の価値が変わります。

たとえば「テニスの大会で1位になった」と言っても、その大会が校内大会なのか、県大会なのか、はたまた全国大会なのかで、その価値は大きく変わりますよね。

これと同じで、中学校内だけの実力テストの偏差値50と、大手進学塾のテストの偏差値50では、その価値が大きく変わってしまうのです。

模試の偏差値を使って比較できるのは、同じ模試の偏差値だけ。

他の模試の偏差値とは比較ができないことを知っておきましょう（とくにネット上の高校ランク表は、何の偏差値なのかが書かれていないことが多いので要注意です）。

さて、模試の基本的な注意点をお伝えしたところで、ようやく本題です。

模試の結果でわかった自分の5教科の偏差値をもとに、「志望校」を絞り込んでいきましょう。

具体的には「実力相応校」と「チャレンジ校」の2校を目安で決めていきます。

まずは実力相応校。

自分の偏差値前後の高校が実力相応校です。

複数あれば立地や校風とかで選ぶといいでしょう。

次にチャレンジ校。

入試まで1年近く時間があるならば、チャレンジ校は今よりも偏差値プラス5から10

ほどの高校でもいいと思います。

目標を高くする理由は、第2章でお話ししたとおり。

ここで決めた「チャレンジ校」を仮の志望校としていきましょう。

決めたチャレンジ校が今の実力よりも大きく離れていれば、その間のレベルでもう1校、志望校候補として決めておくのもいいですね。

この絞り込んだ2、3校は、夏以降に実施される**「高校見学会」**に参加する候補にもなります。

家族と相談したりしながら絞り込みを行いましょう。

なお、不安な人は、念のため**「滑り止め校」**も確認しておくことをお勧めします。

模試の結果で自分の学力の具合が偏差値で示されましたが、問題の相性とかテストの出来で、偏差値は前後4ほどブレが出ると言われています。

今回の模試の結果は実力どおりの偏差値だったのか？　それとも4ほど上にブレた高い偏差値なのか？　あるいは4ほど下にブレた低い偏差値なのか？

今回の模試が本来の実力よりも上にブレていたことも想定して、示された偏差値よりもう少し下の「滑り止め校」もチェックしておくといいでしょう。

8 模試で「苦手単元」をあぶり出そう

模擬試験を高校入試に利用していくうえでもう1つ知っておいてほしいことをお伝えします。

それは、「苦手単元をチェックして復習する」という取り組みです。

各教科・各単元の理解度が模試の結果でわかるわけですから、これを入試勉強にしっかり活かしていくのです。

細かく見ていきましょう。まずは**「模試の間違い直し」**から。

模試の間違い直しは**「自分の実力に応じて直す問題を選ぶ」**ということが大事なコツです。間違い直しというのは、全部直すものだと思っていませんでしたか？

たしかに全部直したくなる気持ちはわかりますが、「高校入試は満点ではなく合格最低点超えを目指す」と先にお伝えしたとおり、各教科の目標点がとれるレベルの問題まで解けるようになればいいのです。

**愛知県最大規模の模試　2020年冬データ（受験者数約26,000人）
正答率〇％以上の問題をすべて正解したときの偏差値**

		英語	数学	国語	理科	社会	5教科
正答率30%以上	偏差値	58.8	59.0	68.0	67.1	61.8	64.8
正答率40%以上	偏差値	54.9	52.4	53.7	60.5	54.6	56.1
正答率50%以上	偏差値	51.0	50.2	53.7	49.6	45.0	50.0

まずは直す問題を選んでいきましょう。

直す問題の選び方は、模試の結果に書いてある問題1問ごとの**「正答率」**をチェックします。正答率が50％以上ある問題は、すべて直しをしましょう。

正答率50％以上の問題をすべて正解することができれば、どの教科も偏差値は50近くまでとれるようになっているからです（上の表をご覧ください）。

偏差値50が合格目安の高校を目指す子は、ここで間違い直しを終えてもOKです。

ここから各自の志望校の合格目安偏差値とか各教科の目標点などに応じて、どこまで直すかを選んでいきます。

直す問題を選びやすいように、簡単に偏

差値別に目安を書いておきます。

- **偏差値55前後が合格目安の高校を目指す子は正答率40％以上までを直す**
- **偏差値60前後が合格目安の高校を目指す子は正答率30％以上までを直す**
- **偏差値65以上が合格目安の高校を目指す子は全問題を直す**

さて、模試の直しを終えたならば、いよいよ本題。**模試の結果でわかった苦手単元を書き出し、入試対策教材で復習に取り組んでいきましょう。**

もともと予定していた勉強の予定を組み替えるのか？　予定していたところまで終えてから取り組むのか？　それとも今の予定に上乗せして気合で取り組むのか？

取り組むタイミングを考えて、苦手単元の復習の予定をねじ込みましょう。

復習することを決めた単元も、取り組む**「優先順位」**を考えてくださいね。

基本は、**「暗記系より理解系が先」**ですし、**「理解がしやすい単元」**から取り組むといいでしょう。

第4章

＼勝負の分かれ目！／

夏休みの入試勉強で「真の力」をつけよう

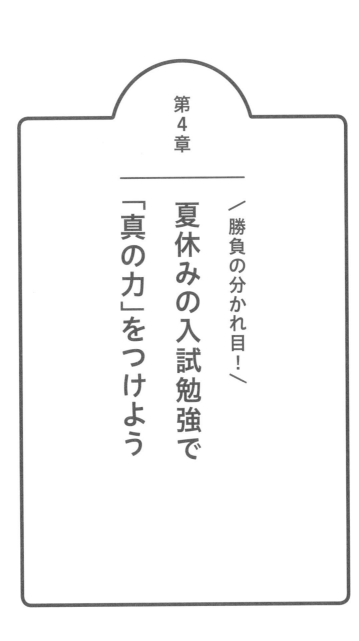

1 ズバリ、夏休みの6週間はどう過ごせばいいの？

第3章では各教科の入試勉強法について詳しく見てきましたが、この章では1学期を終えて迎える最重要期間**「夏休み」**の入試勉強についてお話ししていきます。

高校入試にかぎらず、「夏は受験の天王山」などと表現されますからね。

基本的に学校も部活もなくなる6週間もの莫大な時間をどう過ごすか？

この過ごし方1つで大きな差がつく大事な期間です。

勉強で充実した日々とすべく、夏休みの入試勉強を見ていきましょう。

まずは**「夏休みの全体像」**を確認しておきます。

夏休みは日本全国の大半の地域で7月20日ごろから8月末日までの6週間です。

この6週間を区切ると、大きく3つ、細かく4つになりますね。

次ページの図のとおりです。

夏休みの6週間は大きく3つのパートに分けられる

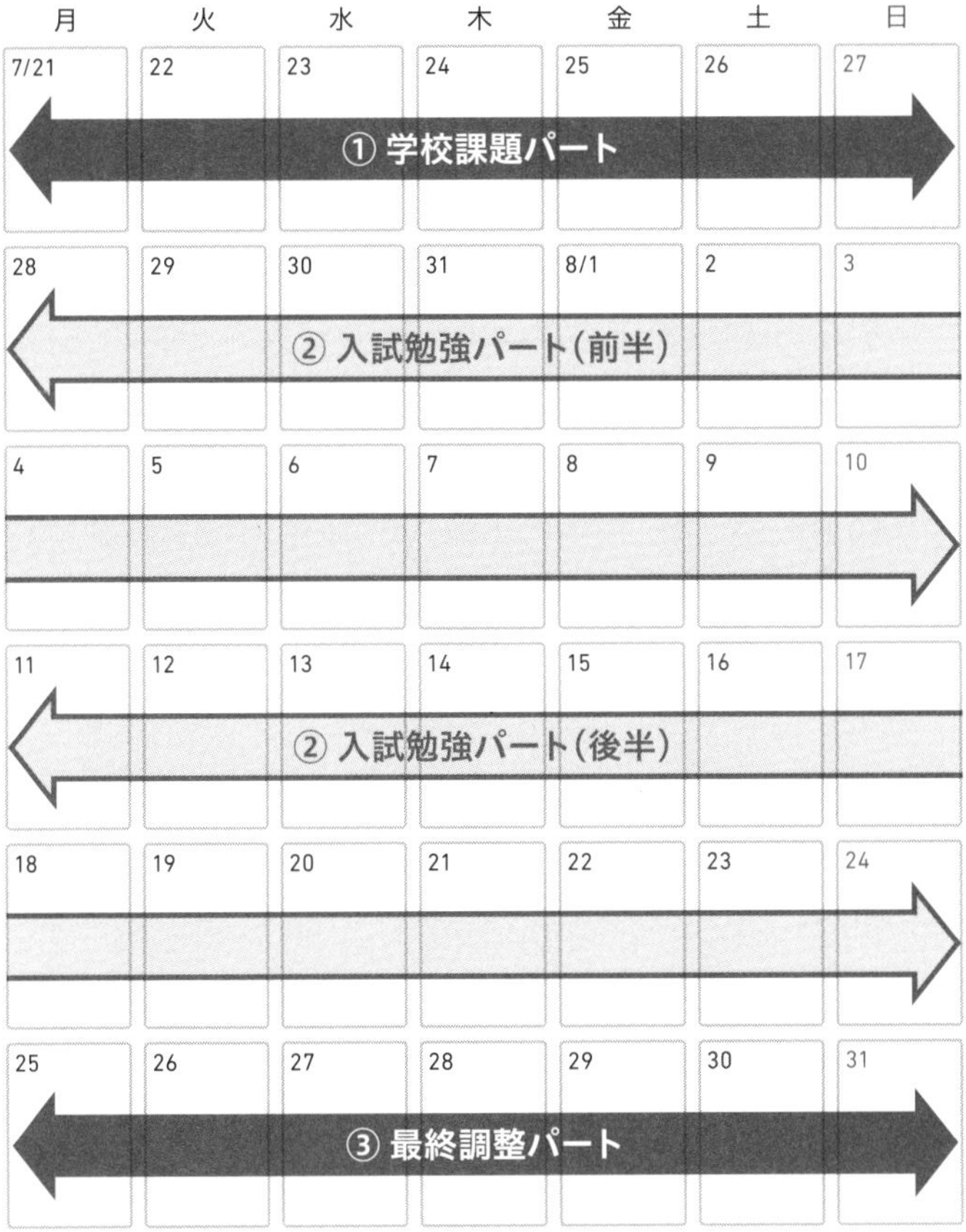

- 最初の週は学校課題に取り組む週で、すべて終えることを目指す。
- 次の4週間が入試勉強の中心。お盆前と後で区切って復習をする。
- 最後の週は進み具合と仕上がりを見て自由に学習内容を決める。

最初の1週間は「学校課題パート」です。

中学で出された夏休みの課題に取り組む週とするわけです。

私の塾でも、まずは夏休みの課題を消化することに取り組んでもらっています。

学校の課題は、あらゆる学力の生徒に対して一律で出されるものですから、自分の学力や弱点を反映したものではありません。

また、学校によって、あるいは担当の先生によって、出される課題の量や質は毎度変わってしまいます。

したがって、学校の課題を中心にして夏休みの入試勉強をしてはいけません。

学校から出される夏休みの課題はウォーミングアップがてら全力で最初に取り組んで、少しでも早く終わらせるようにしましょう。

2週目から5週目までの4週間は、メインの「入試勉強パート」です。

この期間でどれだけ濃い勉強ができるかが勝負です（次の項目から詳しく見ていきます）。

長い期間なので、お盆前までの前半2週とお盆を含めた後半2週に分けるといいでしょう。

ラストの1週間は「最終調整パート」です。

「入試勉強パート」の進み具合や理解具合に応じて、取り組む内容をお盆明けごろに決めて、取り組む期間です。

もしも夏休み中にやりきりたかった入試勉強内容が途中であるならば、引き続き**「入試勉強パート」**としてこの期間を使うといいでしょう。

また、もしも1学期の内申点が志望校を目指すうえで足りていなくて、2学期に巻き返しが必要な状況であるならば、**「2学期予習パート」**として利用するのも1つの方法です。

大きな期間の計画になればなるほど、計画どおりに進まなかったときの調整期間をしっかりと用意しておき、そこで調整するように努めましょう。

夏休みは40日もの大きな期間です。この最終調整パートをうまく利用して、夏休みのラストをいい形でやり終えることができるようにしてください。

以上、夏休みは大きく3つのパートに分けることができます。

この大きな区切りを意識して入試勉強に取り組むといいでしょう。

2 夏休み中の1日の学習スケジュールと学習内容

続いて、**「夏休みの1日の学習スケジュール例」**と、**「夏休みに取り組みたい学習内容」**について見ていきます（1日のスケジュールは学校課題パート・入試勉強パート・最終調整パート共通です）。

まずは夏休み1日の学習スケジュールについてですが、一番大切なのは**「中学校に通う平日と同じスケジュールを目指す」**ということです。日々、中学校で取り組んでいて体にしみついている学習スケジュールを利用していこうということですね。

夏休みの1日の学習スケジュール例を、中学校に通う平日スケジュールと並べて見ていただきます。

次ページの図をご覧ください。

中学校がある平日は、少なくとも6時間は勉強をしています。

これを、そのまま夏休みの予定にはめ込むのです。

平日のスケジュールを夏休みの予定にもはめ込もう

学校がある
平日のスケジュール例

夏休み中の
学習スケジュール例

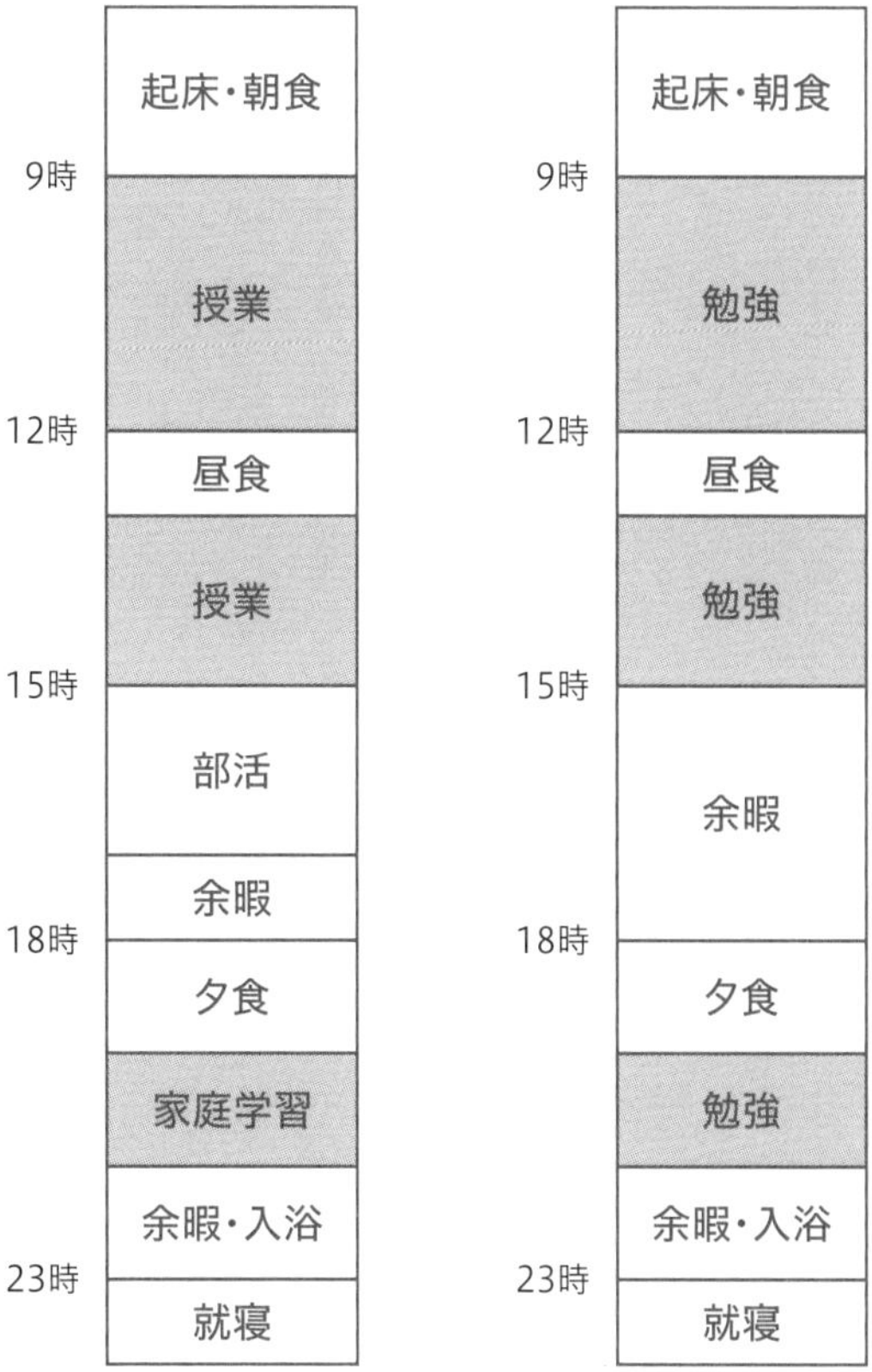

「そんなわけないでしょ？　学校は先生もいるし、授業のなかには体育や音楽もあるし」という声が聞こえてきそうですが、曲がりなりにも実際に取り組んでいるスケジュールなのですから、できないはずがありません。

ともあれ、まずは1日6時間の勉強を目安にして、夏休みを過ごしていきましょう。

学校の授業のように50分を一区切りとして6回勉強すれば、これで5時間。あと1時間勉強ができたら、6時間達成です。

平日と同じ時間近くに起床できるかどうかが勝負の分かれ目ですね。

保護者にも協力を求めて、遅くとも8時までには起床しましょう。

「朝食を食べない者は夕食抜き！」「8時に起床できなければ、その日スマホは禁止」など、「うわあ、起きなきゃ！」と自分が思えるルールをつくって実施してください。

いずれにしても、この例を基本形として、「午前を減らして夕方の勉強時間を増やす」とか「午後を減らして夜の勉強時間を増やす」など、自分の都合に合わせて時間帯を動かして、自分なりのスケジュールをつくってみることをお勧めします。

次に、夏休みのメインである**「入試勉強パート」**で取り組む学習内容を決めていきます。内容としては、第3章で説明した**「各教科の特性」**を踏まえて進めていくと効果が

夏休み中に勉強すべき5教科の学習内容

英語	数学	理科	社会	国語
英単語 英文法 リスニング	計算 関数 図形以外	物理 化学	歴史	読解 漢字 国語知識

※ 基本は春に決めたスケジュール（24～26ページ参照）に沿って取り組みながら、これらの学習内容に大きな時間を割いて取り組んでください。

上がります。

具体的には、英語は夏休み明けから本格的に長文読解の練習に入れるように**「英単語ひととおり」**と**「習ったところまでの英文法」**を。数学はすべての基礎と点数の要の**「計算」**のマスターと、2学期の定期テストへ向けてテスト範囲になる**「関数」**を。

理科は理解系単元である**「物理・化学分野」**を優先し、社会は単元間のつながりがある**「歴史」**を夏休みの間に一気に。

国語は大きく時間を割かないことがコツだと伝えてきましたが、もしも**「読解の対策」**がしたかったら、夏休みに一気に取り組むといいでしょう。

3 夏休みで一気に「苦手単元」を克服する方法

さて、前のページの図で、「うわあ。できることならやりたくないなあ」と感じた苦手単元に○をつけてみましょう。

じつは、その○をつけた単元が、夏休み中に一番時間と力を注いで取り組むべき単元だということになります。

たとえば理科の電流がとても苦手だったとします。電流は物理分野で、もともと夏にやるべき単元ですから、最優先単元となります。

学校の授業がストップして、じっくりと復習に取り組める機会は夏休みしかありません。この貴重な40日は苦手単元を克服する最初で最後の最大のチャンスです。

このチャンスを活かして、夏休みの間にきっちり苦手を克服していきましょう。

苦手単元を克服するために具体的に取り組むことは2点です。

1点目は、「大きな時間を割いて取り組む」ということです。

まずは、たくさん復習時間を確保しようということですね。

最初に学んだときにスムーズに理解できなかったから苦手単元になったわけですから、他の単元よりも余分に時間を確保しておいたほうがいいに決まっています。

実際に勉強の予定を組むときに、苦手単元を含む教科の予定を、他教科よりも増やしておきましょう。

予想に反してスムーズに理解できて時間が余ったときには、他教科に振り替えたりすればいいだけです。気兼ねなく増やしておきましょう。

2点目は「覚える勉強(インプット)まで戻って取り組む」ということです。

たいていの場合、基本的な事項の理解が浅いからこそ苦手単元となっているので、いきなり演習に取り組むのは無謀というもの。

予習で初めて取り組むときのような心持ちで、最初から1つひとつ覚え直しながら取り組んでいくことが大切です。

もしも教科書や問題集に記載されている説明個所だけでは理解が浅いと感じた場合は、

ネット上にある**「授業動画」**の力を借りるといいでしょう。ＹｏｕＴｕｂｅなどの動画を開いて単元名で検索すると、たくさんの説明動画が出てくるはずです。

教育系ＹｏｕＴｕｂｅｒの動画とか、某有名個別指導塾の動画とか、同じ単元でいくつも出てくるので、理解を深めるべく同じ単元の動画を複数見るのもいいと思います。

問題は、そうしたことを過去に取り組んだのにもかかわらず苦手単元になってしまっている場合です。

そんなときは、個別に対応してくれる学習機関に夏休みの間だけでも頼るのが一番だと思います。

具体的には**「家庭教師」**とか**「個別指導塾」**ですね。

「理科の電流が苦手で、ここを克服したくて夏の間だけ通いたいのですが、可能でしょうか？」

こんな感じで問い合わせをするといいでしょう。

モヤモヤとしていた不明瞭な部分をしっかり質問していって、理解を深めてほしいと思います。

4 夏休み中の1週間の学習スケジュールと余暇の過ごし方

さて、これまで説明してきたことを踏まえて、この項目では**「週間予定」**についてお話しすることにします。

大切なことは、次の2点です。

「年間の勉強予定に沿って、いつもの入試対策教材を進めることが基本」

「そのなかで『夏休みに取り組むべき学習内容』を実際に夏休みにもってきて実施」

24～26ページで説明した**「年間勉強予定例」**で言うと、ちょうど夏休みは入試対策教材の2回目に取り組んでいる人が多いはずです。夏休みも、基本は決めた予定どおりに進めつつも、夏休みにするべき学習内容に対して優先的に取り組んでください。

たとえば、社会は夏休み中に歴史に取り組めるように、1学期のうちは地理に取り組むとか調整を入れるといいでしょう。

133ページに**「入試勉強パート」**での**「週間学習予定例」**を示しておきます。

この「週間学習予定例」で夏休みの過ごし方のイメージが湧きましたでしょうか？

学校の授業や部活がなくなっているので、平日など15時過ぎから夕食までの時間がスッポリと空いていますよね。ここは、あえて設定している**「自由な時間」**です。

機械のように長い時間をやれるのならば、朝から晩まで勉強予定を組んでもいいのでしょうが、なかなかそうはいかないのが人間です。

「体力的」に、そして「精神的」に、いい状態でバランスを保ちながら取り組めるだろうと、学校と同程度の1日6時間学習で例をつくっています。

実際、5教科の内申点の合計が14以下の子からしたら、これが実行できたら素晴らしいことです。自由な時間のなかで適度に体を動かし、好きな取り組みで気分転換をし、安定して勉強に取り組めるといいと思います。

もちろん、この時間は自由な時間ですから、勉強に当て込んでもOKです。

何か新しいことを学ぶという活動は本来、楽しいことですからね。

なかには、志望校を目指して頑張ること自体に楽しみを見出してしまう子もいるかもしれません。

適度な運動だけはしてほしいですが、そんな場合はガンガン勉強していきましょう。

夏休みの入試勉強の「週間学習予定例」

	月	火	水	木	金	土	日
9時	英：単語	国：漢字	英：単語	国：漢字	英：単語	国：漢字	調整
	英：文法	英：文法	英：文法	英：文法	英：文法	英：文法	調整
	数：計算	数：計算	数：計算	数：計算	数：計算	数：関数	調整
12時							
	数：関数	数：関数	数：関数	数：関数	数：関数		
	理：物理	理：物理	理：物理	理：物理	理：物理		
15時							
18時							
						社：歴史	調整
	社：歴史	社：歴史	社：歴史	社：歴史	社：歴史	社：歴史	調整
21時						理：物理	調整
	最終就寝時刻23時！						

- 学校課題終了後の「入試勉強パート」の前半１週目を再現。
- 週末は午後から出かけた設定で勉強時間帯を調整。
- 日曜は進度調整のために未定としておく。

5 塾に通っている場合の夏休みの入試勉強は？

ここまでのところは、独学で勉強する子に向けて書いてきましたが、この項目では塾に通う子の夏休みの入試勉強についてお伝えしていきます。

まずは、通っている塾の**「夏期講習」**の予定を確認してください。どれくらいの日程があって、どれくらいの時間になるのかを5、6月ごろに塾に聞いてみるのです。

塾の予定をカレンダーに書いてみて、夏期講習がない日と塾の指導時間が短い日に自分の入試勉強を入れていきます。

先ほど「夏休みは1日最低6時間を目安に」とお伝えしていますから、**「6時間から塾の指導時間を引いた時間」**が、その日に取り組める入試勉強時間になります。

「週間学習予定例」として、愛知県にある大手集団指導塾の実際の夏期講習予定を反映させて勉強予定をつくってみました。

お盆明けの1週間を再現したものが次ページの例です。

通塾版 夏休みの入試勉強の「週間学習予定例」

	月	火	水	木	金	土	日
9時	英:単語	国:漢字	英:単語	国:漢字	英:単語	塾の宿題	調整
	英:文法	英:文法	英:文法	英:文法	社:歴史	社:歴史	調整
	数:計算	数:計算			理:物理	理:物理	
12時							
	数:関数	数:関数	塾	塾			塾
	理:物理	理:物理	塾	塾			塾
15時			塾	塾			塾
18時							
					塾	調整	
	社:歴史	社:歴史	塾の宿題	塾の宿題	塾	調整	塾の宿題
21時					塾	調整	

最終就寝時刻23時!

- 塾と自分の勉強を合わせて1日6時間で設定。
- 塾の授業の後はすぐ塾の宿題をやる時間を入れる。
- 週末は進度調整のために空けておく。

塾の予定の直後に、その日に出された宿題に取り組む時間をあらかじめ確保しておくことが大事なコツです。

そもそも塾というのは、塾の指導だけで入試勉強を完結させようと考えているので、中3の夏期講習は全力で勉強をさせてきます。

1日の塾での講習が6時間を超えるような日は、自分の勉強に取り組むことはあきらめましょう。塾での指導とその宿題に取り組むことに集中したほうが賢明です。

塾に通うということは、**「自分の勉強のアドバイザーとして塾の先生を雇った」**と言い換えてもいいと私は考えています。

どうやって塾の勉強と自分の勉強を両立させていけばいいのか、どんな勉強を自分の勉強として取り組めばいいのかなど、遠慮なく相談していきましょう。

「君は、塾で出された課題がこなせていないから、まずはしっかり理解することに集中してほしい。まだ他のものに取り組む余地はない」

「君は、塾の課題を終えた後も余力があるから、もう少し発展的な問題に挑戦していってもいい。この教材を使うといい」

たとえば、こんなふうなアドバイスをもらえることでしょう。

とくに新しい教材を追加で購入しようとするときには、必ず相談をしてください。

「秋からそういう教材を配付する予定なのに！」とか、「その教材はまだ早い！　消化不良を起こして成績が下がるぞ！」などということもあります。

余談ですが、塾は勉強を教える場所なので学校のように見えるかもしれませんが、基本的には教育サービスを提供して利益を追求する一企業です。

何教室もある塾や、テレビCMが流れるような塾では、働く先生たちの夏のボーナスのためにも、先生たちは夏期講習で多く売り上げるよう求められます。

ここで私が言いたいのは、**「夏期講習の追加受講を勧める先生の言葉には、営業トークが含まれていることがあるので、鵜呑みにせずによく考えて受講内容を決めてほしい」**ということです。

入塾時に言っていなかったのに、急にふだんの10倍以上の費用がかかる夏期講習を提案してくる塾は、このパターンでしょう。

家族で受講内容についてしっかり相談をして、より望ましい形で塾を使ってほしいと思います。

6 さらに上を目指す子のプラスアルファ入試勉強——夏休み編

「夏休みって『受験の天王山』と言われるくらい大事なんでしょ？　まだやれそうです。もっとやっている子って、どんなことをしているんですか？」

こんな子に向けて、**「夏休みのプラスアルファの入試勉強」**を見ていくことにします。

まずは**「勉強の量」**について。ここまでのところでは、「1日6時間を目指してやろう」とお伝えしてきましたが、余力のある子はこれ以上取り組んでいきます。

私の塾では夏休み中に毎日、10時間を超えて勉強をする子もいたほどです。

8時間の睡眠をとっても、起床して活動している時間はまだ16時間もあります。

勉強への意欲があふれている子に言わせれば、1日10時間の勉強はたいしたことないそうです。

次ページに1日8時間と10時間の勉強の例を示しておきます。

ぜひ参考にしてみてください。

余力があれば勉強時間を増やしてみよう

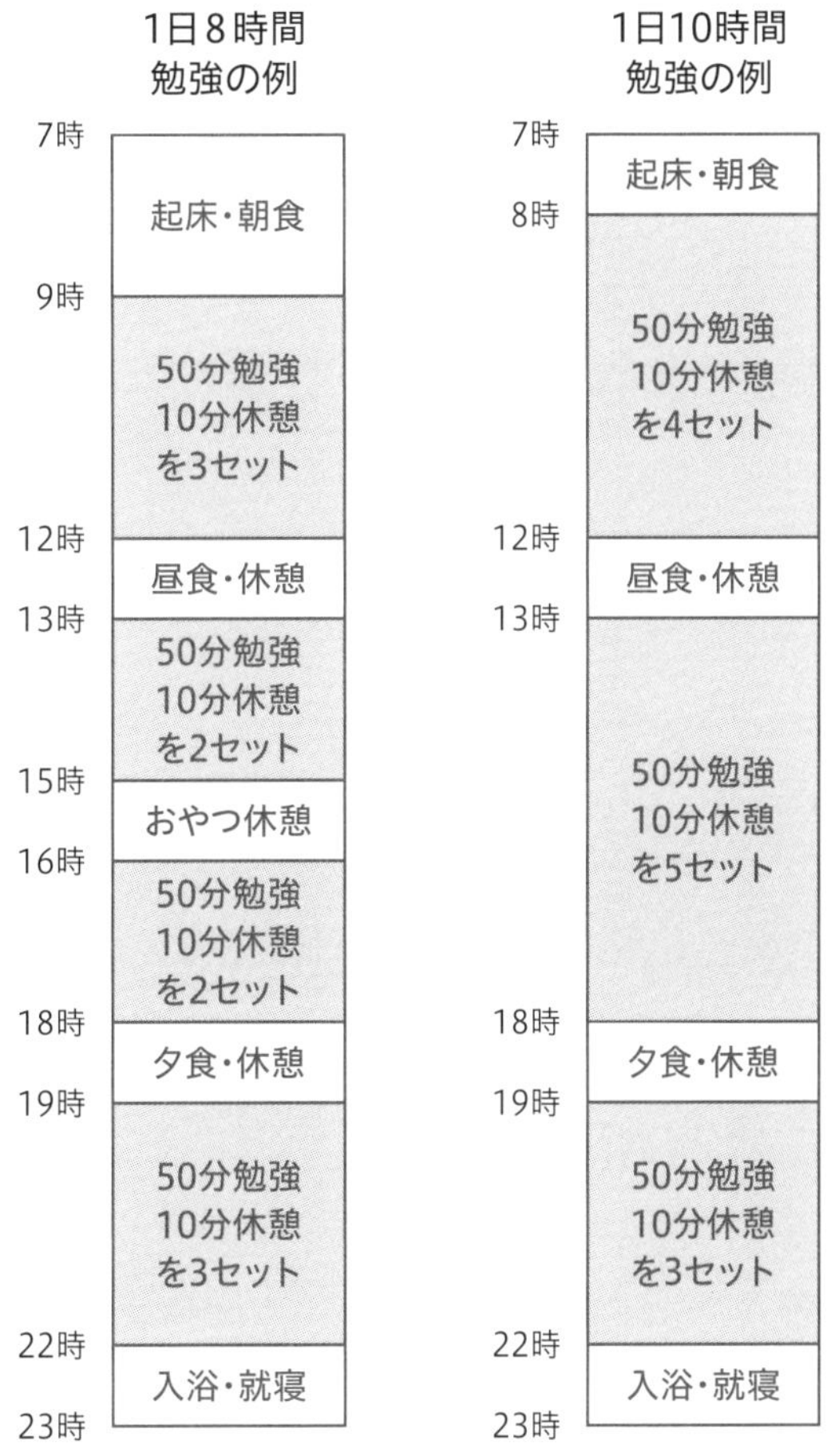

勉強時間についての話になると、「量より質だ」とか「質より量だ」とかいろいろ言われますが、ソフトバンクの孫正義社長の大学時代のエピソードが答えになると私は思っています。

孫さんの大学時代は、睡眠時間以外はすべて勉強にあて、食事も移動もトイレであっても、教材を手から離さなかったとのことです。

孫さんのような本来、優秀な人が、さらに圧倒的な量の勉強をしたからこそ大きな成功を手にすることができたというわけです。

同じ質で勉強ができたとしたならば、より多く勉強したほうが成果の出るのは当たり前のことです。この孫さんのエピソードからも「量」はゆずれません。

「量」を確保して取り組む中で、「質」を高めていきましょう。

さて、次に夏休みに取り組むプラスアルファの入試勉強の**「内容」**を見ていきます。

中1・中2の復習を5教科とも終わらせることができたならば、次のステージを目指して勉強していきましょう。

なかでも私がお勧めするのは、いち早く過去問演習に取り組んでいけるように、「中

3の2学期以降で学ぶ内容を予習してしまう」という取り組みです。

大学受験でたとえますが、東京大学にたくさん合格者を出すような進学校の多くは、高校での指導内容を早いうちに終えてしまい、大学入試対策としての時間を多く確保しています。

この作戦を高校入試でも使っていくわけです。

実際、一部の高校入試向け進学塾では、予習授業で早い時期に中3の指導内容を終えてしまい、高校入試へ向けた対策に多くの時間を割いています。

たしかに独学となると予習は難しい部分がありますが、今やネット上に良質な映像授業が無料で流れているので、こういったものも利用して挑戦していきましょう。

予習に取り組みたい教科は、とりもなおさず「英語」と「理科」です。

まず、英語は**「長文読解」**が入試で大きな配点になっていて、2学期以降に学ぶ**「英文法」**(具体的には、多くの教科書で**「仮定法」**や**「間接疑問文」**などを学ぶことになっています)をひととおり予習しておけば、長文読解の練習に秋から取り組むことが可能になるからです。

2学期以降の定期テストにも役立つので内申対策にもなりますし、一番お勧めしたい予習内容です。

理科をお勧めする理由は、入試で難問が出やすい**「物理・化学分野」**を2学期に学ぶことになっているからです。

理科の2学期で学ぶ「物理・化学分野」は教科書によって変わりますが、令和3年時点で東京書籍・教育出版・啓林館の教科書では**「運動とエネルギー」**、大日本図書・学校図書の教科書では**「イオン」**です。

こちらも入試難問対策にも内申対策にもなるのでお勧めです。

英語と理科に続いて予習をするならば**「数学」**がいいと思いますが、数学の予習は入試目標点が8割以上の人にだけお勧めします。

その理由は、数学は上位校で勝負を分ける入試の難問が**「図形問題」**で、中3の2学期以降に学ぶ**「相似」**と**「三平方の定理」**の単元を利用する問題になっているからです。

高得点をとる必要がない人ならば、難問の図形問題の対策に大きな時間を割くのは得策とは言えません。

もちろん、数学の入試目標点が8割以上の人であれば「相似」と「三平方の定理」の予習を夏休み中に取り組み、秋からの難問演習に備えましょう。

最後にお勧めしたい夏休み中のプラスアルファの入試勉強は、**「塾の夏期講習に参加」**することです。

塾に通っていない人もスポット的に利用するといいと思います。

長い夏休みに他の受験生たちが頑張る姿を目の当たりにするのはいい刺激にもなります。

1人では取り組みにくかった単元を指導してもらって弱点を克服するのもいいですし、自由に使える自習室がある塾ならば、自習室を利用させてもらうのでもいいでしょう。

さらには模試の受験もできたりと、メリットも多いはずです。

なお、自分の都合に合わせて勉強をしたいとき、苦手単元の対策だけをしたいときには**「個別指導塾」**をお勧めしておきます。

7

「学校見学会」で勉強への意欲を高めよう

勉強の取り組みとは少し離れますが、この項目では夏から実施されるケースが多い**「学校見学会」**について触れておきましょう。

結論から言えば、私は「学校見学会」への参加は、とてもいいことだと思っています。**その理由は、実際に「学校見学会」に参加して勉強への意欲を高めた生徒たちをたくさん見てきたからです。**

「どうしてもあの高校に入りたくなった」と言って、その日から目の色を変えて勉強をするようになった生徒たちを、それこそ数えきれないほど見てきました。

「将来のため」などというボンヤリとした目標のために今まで勉強をしてきていた生徒たちが、まずは高校入試を目指すことで、「行きたい高校に入学するため」というわかりやすい目標ができます。

それでもまだボンヤリとしていた勉強への気持ちが、3年間通うことになるかもしれ

ない高校を実際に自分の目で見ることで、一気に高まるのです。

また、こんな理想の展開にはならなかったとしても、「学校見学会」に参加したことで志望校が変わることがあります。

志望校に対して**「思っていた高校と違いました」**と言って、「学校見学会」が第一志望の高校を変えるきっかけになった生徒もいます。

周りの人に聞いていた評判だけで膨らませていたイメージと実際の高校のギャップが大きかったのでしょう。

志望校を定めるためにも、勉強へのやる気を高めるためにも、「学校見学会」にはぜひ参加してください。

ちなみに「学校見学会」に参加する高校は、2、3校くらいがほどよいと思います。

1校だけだと比較ができませんし、5校、6校となると勉強時間を大きく削ることになってしまいます。

実際に受験を検討している2、3校を見学して、その内容を比較できるといいですね。

また、何かの理由で受験を検討していなかった高校でも、アクセスがよくて学力レベルもほどよい場合は、「学校見学会」に参加してみることをお勧めします。

アクセスと学力レベルがちょうどいいのに受験を検討していない理由は、とても些細《ささい》なものであることがよくあります。

たとえば、「電車に乗りたくないから行きたくない」「勉強ばっかりで厳しいって聞いたから」「制服がダサいから」などなど。

そんな場合でも、実際に見学に行ったら「思ったよりも、ずっとよかった」と言って、志望校になることが珍しくないのです。

「百聞は一見に如《し》かず」とも言います。

ぜひ、思い込みを捨てて「学校見学会」に参加してみてください。

第5章

＼ここで大きな差がつく！／

2学期だからこそ取り組むべき入試勉強

1

1学期と2学期で「時間の使い方」はこれだけ変わる

夏休みを終えて2学期に入ると、入試勉強も後半戦のスタートです。

大半の生徒は1学期とは違った毎日の過ごし方になります。

部活を引退することで、授業後に部活に取り組んでいた数時間と、朝練があった部活であれば朝の30分ほどが自由な時間となるのです。

大切なのは、この時間の使い道。

ズバリ、**「部活で使っていた時間を入試勉強にすべて使いきる」**ということが2学期の時間の使い方の基本ですね。

部活を引退してすぐに**「勉強部」**に転部したものだと思って勉強に取り組んでいきましょう。

参考までに、部活を引退したことで1学期とどう変わるかを、**「週間学習予定例」**で次ページに図示しておきます。

中3の2学期の「週間学習予定例」

	月	火	水	木	金	土	日
9時	学校	学校	学校	学校	学校	入試理科	入試理科
12時	学校	学校	学校	学校	学校		
15時	入試英語	入試数学	入試社会	入試理科	入試国語	入試社会	入試社会
18時	課題学習 通常学習	課題学習 通常学習	課題学習 通常学習	課題学習 通常学習	課題学習 通常学習	課題学習	進度調整
21時	入試英語	入試数学	入試社会	入試理科	入試国語	通常学習	進度調整

最終就寝時刻23時！

- 部活があった時間をそのまま入試勉強にあてる。
- 定期テストに向けた勉強（課題学習と通常学習）と入試勉強を半々で並行して取り組む。
- 定期テスト2週間前からすべて定期テスト勉強にする。

部活動の全国平均時間は令和3年時点で週に12時間ほど。

単純計算で1日2時間、6日活動したとして12時間です。

「1日の勉強時間の2時間アップ」を目指して、部活を行っていた時間帯での勉強に取り組みましょう。

また、2学期は季節で言えば秋になりますから、第4章でお伝えしたとおり、だんだんと暗記系教科の**「理科・社会」**の学習時間を増やしていくイメージですね。

その考えをもとに、前ページの「週間学習予定例」では平日は5教科まんべんなく入試勉強に取り組み、週末に理科・社会の入試勉強に取り組むスケジュールで示しています。

週末は、すべての時間が自由に使えるので、夏休みに頑張って過ごしたスケジュールを再現すればＯＫ。

夏休み同様、**「1日最低6時間」**の勉強を基本にするといいでしょう。

2　2学期の定期テスト勉強は2週間前から全力で！

入試が近づいてきているとはいえ、2学期も**「定期テスト」**はもちろんやってきます。

1学期までの定期テスト前と大きく違うのは、部活を引退していることの1点だけですね。

部によっては引退が遅くなることもあるようですが、大半の中学生が2学期は勉強に使うことができる時間が大幅に増えているはずです。

この増えた時間を大いに利用して、2学期もきっちり定期テスト勉強をしていきましょう。

定期テスト勉強に専念して取り組むタイミングは、**「定期テストの2週間前から」**と第2章でお伝えしました。

これを踏まえ、定期テスト2週間前のタイミングで、**「部活で使っていた時間を定期テスト勉強に使いきる」**ことを目指して取り組んでください。

なお、定期テスト2週間前の学習予定については1学期までと変わるので、次ページに2週間前の**「週間学習予定例」**を示しておきます（直前の1週間の「週間学習予定例」は1学期と同様です）。

定期テストの2週間前というのは、多くの中学校ではまだ「定期テスト週間」とは呼ばず、日々の課題を生徒に出していると思います。

したがって、その課題に取り組む時間を少しだけ確保すれば、残り時間が自由に取り組めるテスト勉強時間になります。

第2章でお伝えしたことの繰り返しにはなりますが、春から取り組んでいる**「入試対策教材」**を利用して、入試レベルで定期テスト範囲の単元を仕上げることを目指しましょう。

後日、再度戻って入試対策の勉強をする必要がない状態にまでしておくことが理想です。

定期テスト2週間前版　中3の2学期と3学期の「週間学習予定例」

	月	火	水	木	金	土	日
9時	学校	学校	学校	学校	学校	定期テスト勉強数学	定期テスト勉強理科
12時	学校	学校	学校	学校	学校		
15時	学校	学校	学校	学校	学校	定期テスト勉強英語	定期テスト勉強社会
	定期テスト勉強英語	定期テスト勉強数学	定期テスト勉強理科	定期テスト勉強社会	定期テスト勉強国語	定期テスト勉強数学	進度調整
18時							
	定期テスト勉強数学	定期テスト勉強理科	定期テスト勉強社会	定期テスト勉強国語	定期テスト勉強英語	定期テスト勉強英語	進度調整
21時	課題学習	課題学習	課題学習	課題学習	課題学習	課題学習	進度調整
	最終就寝時刻23時!						

- 部活があった時間をそのまま勉強にあてる。
- 定期テスト2週間前からすべて定期テスト勉強にする。
- 2週間前は理解系科目の英語・数学に多く取り組む。

3

成績がなかなか伸びないときはどうすればいいの？

中3の2学期——。

なかには、模試でなかなか成績が伸びなくてヤキモキとする子も出てくるころです。

「今の取り組み方で合っているのかなあ？　やり方を変えたほうがいいのかなあ？」

「成績が伸びていないし、今の塾は私に合っているのかなあ？」

入試本番までに目指す学力を身につけなくてはいけないのに、階段を上るようにトントンと上がっていかない成績に焦りを感じて、こんなことを思うのです。

本人だけでなく保護者も一緒になって焦って我を忘れてしまうと、急に塾を変えることにしたり、教材をさらに買い増したりするなど、右往左往してしまうことも。

こんな場面を多く見てきましたが、急な学習環境の変更はマイナス要素もとても多いですから、**「行動する前に現状を確認すること」**がとても大切です。

まずは、次ページの図をご覧ください。

勉強の成果と時間・労力の関係

●皆が思う理想の成長曲線

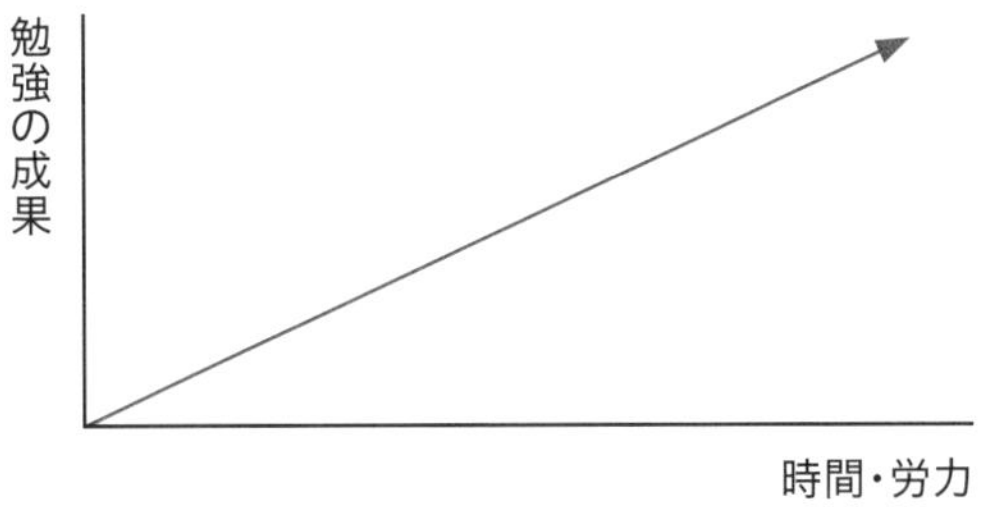

●実際の成長曲線

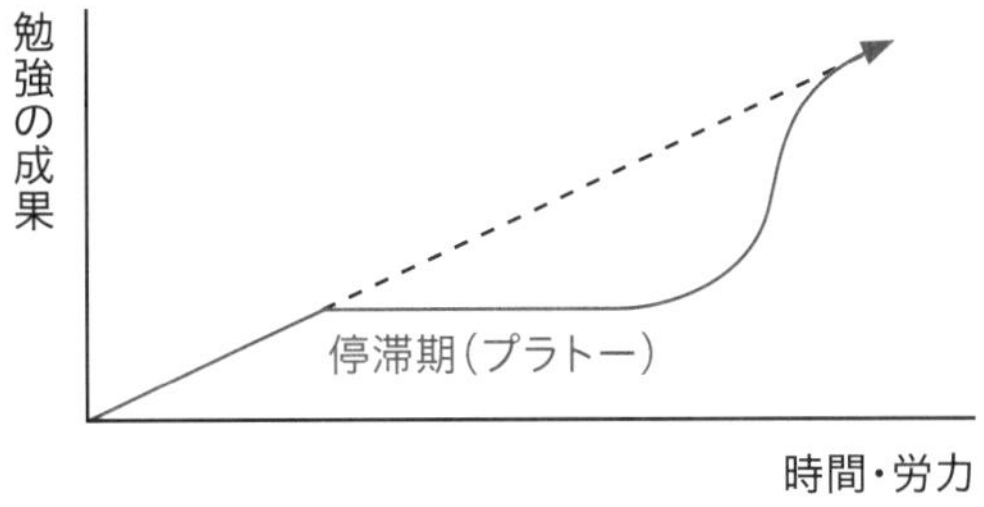

勉強にかぎらず、筋トレやダイエットなどとも共通していますが、何かものごとに取り組んだときには**「プラトー」**と呼ばれる停滞期がやってきます。

階段を上がるようにトントンとリズムよく、一直線に成長していくことは基本的にありません。同じ段で何度も足踏みをしたりする時期というものがあるのです。

あなたも、部活の練習とかで身に覚えはありませんか？

新しいことを学ぶばかりの入部したての時期はトントンとリズムよく成長したものの、しばらくして伸び悩みましたよね。

この伸び悩む時期のことを、英語で高原を意味する「プラトー」と呼ぶのです。

最初に勉強法を確認し（加えて、場合によっては学ぶ塾を厳選し）、たゆまぬ努力で勉強に取り組んできたうえで伸び悩んだならば、それは高い確率でプラトーです。

「もしかしたら、これはプラトーでは？　ついに自分にもプラトーが来たか！　ということは、ここを超えたらグンと伸びるのでは？」

こんなふうに図々しいくらいに自分を信じて、勉強法を信じて、場合によっては通う塾を信じて、努力を続けましょう。


部活のときと同様、必ずあるとき、フッと成長するタイミングが来ますからね。

いかがでしょう？　それでもまだ不安ですか？

そもそも、この本をここまで読み進めてくれるようなあなたであれば、見当違いな勉強の取り組みをしているはずがないんですけどね。

それでも心配であるならば、学校の先生や塾の先生に相談をしてみてください。

「ピント外れな勉強をしていないか心配なんですけど、私の勉強の取り組みが合っているかどうか見てもらっていいですか？」

「成績が伸び悩んでいて不安なんですけど、私の勉強の取り組みで直すべきところがあれば教えてもらえませんか？」

こんな言葉でアドバイスを求めてみるのです。

いずれにしても、努力をしているのにもかかわらず成績が伸びないときは、基本的にはプラトーに入ったと思って、気にせずにさらなる努力を重ねることをお勧めします。

2学期から塾を変えたり教材を変えたりすることは、部活にたとえると大会直前に顧問が変わったり使っている道具が変わったりすることと同じです。

残念ながら効果はほとんど期待できないので、そういったことは極力、避けるようにしてほしいと思います。

4 さらに上を目指す子のプラスアルファ入試勉強——2学期編

さて、2学期の勉強に関しても、さらに上を目指す子のためのプラスアルファの入試勉強についてお伝えしておきます。

序章でお伝えした「年間の入試勉強スケジュール例」で、上位の子に関しては夏以降に**「発展演習」**を組み込むようにお勧めしました。

この発展演習を、2学期から取り組んでいきましょう。

発展演習で使用をお勧めする教材は、その分厚さから塾業界では通称「電話帳」と言われる教材シリーズ、**『全国高校入試問題正解』（旺文社）**です。

簡単に言えば全国の入試問題を詰め込んだ教材で、この1冊であらゆる形式の入試レベルの問題を演習することが可能になります。

ちなみにこの通称「電話帳」は、各都道府県の公立入試問題が丸々入っているものとは別に、各教科を分野別に分け直した**『全国高校入試問題正解　分野別過去問』**というシリーズも出ています。

私としては、2学期の初期の段階で取り組むということであれば、この「分野別過去問」の使用をお勧めします。

「分野別過去問」シリーズのほうを選んだ理由は簡単で、中3の2学期時点ではまだ習っていない単元もたくさんあり、本番と同じそのままの入試問題では、取り組むことができない個所が多く出てくるからです。

もっと言うならば、できない個所があるために**「本番と同じ形式で何割くらいの点数がとれたのか」**というデータを出すことができなくなってしまうのです。

2学期に本番と同じ過去問をそのまま演習するというのは、サッカー部の活動にたとえてみると、ヘディングを教わっていないまま練習試合に参加するようなものです。

仮にそんなことをしようものなら、きっと「やれなくはないけど、ひととおりサッカーの技術を身につけてからのほうがいいよ」と顧問の先生に止められることでしょう。

たいていの場合、「ひととおりの技術を教えるまでは、まだ試合は早いから、とりあえずはすでに教えておいたシュートとドリブルとパスの技術を磨いておいて」となりますよね。

すべての単元を学んでいない2学期は、このサッカーのたとえのように、それまでに学んだ単元についての理解を深めるほうが得策です。

2学期に取り組む教材として「分野別過去問」の利用をお勧めしたいのは、こんな理由からです。

実際、「分野別過去問」は、各都道府県の腕利きの先生がつくった入試問題を、そこからさらに良問だけを選びに選び抜いてつくられていますから、質は間違いないです。

ここで、「分野別過去問」を使用する際に注意しておいてほしいことと、お勧めの使用法をお伝えします。

まずは、使用する際に注意してほしいことについて。

「分野別過去問」は、全般的に問題の難易度が高いわりに解説はあっさりとしたものになっています。

したがって、基本的にはそれでも食らいついていけるであろう偏差値60以上の人にお勧めします。

もちろん、このあっさりとした解説をフォローしてくれる人を確保できる環境であるならば、偏差値55以上の人でも使用していいでしょう。

書店に並ぶことは少ない教材なので、ネット書店の**「立ち読み機能」**で内容をチェックして、使用するかどうかを検討するといいでしょう。

ただし、この「分野別過去問」は、公立高校を第一志望にする人にはお勧めしますが、難関私立高校を第一志望にする場合は、この教材だけでは難易度がやや足りないため、別の教材――市販の**『塾技』シリーズ（文英堂）、『最高水準問題集』シリーズ（文英堂）**など――を検討することをお勧めします。

次に、お勧めの使用法について。

ぜひ取り組んでほしい教科は**「理科」**と**「数学」**です。

その理由は、ただ1つ。

「単元ごとに独立して出題されやすく、他の単元との融合問題が少ないから」というものです。

これに対し「英語」や「国語」というのは、今まで学んだことが混ざって出題されることが基本です。

また、「社会」は地理も歴史も各地方や各時代だけで出題されることはもはや珍しく、単元をまたいで融合した問題が出題されやすい傾向があります。

そんななか、理科と数学だけは単元ごとで独立して出題されやすいので、「分野別過去問」での演習が効果的だというわけです。

とりわけ理科は、分野の融合が少ないので、最も分野別で取り組むべき教科と言っていいでしょう。

それを裏づけるように、この『分野別過去問』は理科が早々に売りきれます。

『分野別過去問』に取り組むなら理科と数学から。とくに理科は最優先で、早く教材の確保を。

さらに上を目指すならば、ぜひこのことを覚えておいてほしいと思います。

なお、この『分野別過去問』は、令和3年時点では2年に1回、西暦偶数年の6月頃の発売となっています（西暦偶数年というのは、たとえば2022年、2024年、2026年……などのことです）。

中2の時点でこの教材の発売年に該当し、かつ公立上位校を目指す予定があるならば、早々に購入しておくのもいいでしょう。

なお、具体的な使い方に関しては、これまでの教材と一緒。

1回目の演習で間違えたものにチェックをつけて、必ず2回目の演習に取り組むことです。

第2章でもお伝えしたように、**「勉強とは×を○にすること」**です。

決してやりっぱなしなどということのないようにしてください。

最後に、もしも夏休みが終わるまでに中3で学ぶ学習内容の予習をすべて終わる教科があるようならば、『分野別過去問』ではなく、公立入試問題が丸々入っている『全国高校入試問題正解』のほうを2学期から使用することも可能です。

たとえば、英語はすべての文法の予習が終わっていれば、『全国高校入試問題正解』であってもしっかり演習することができますからね。

全国の過去問を単元ごとではなく丸々解くことは、部活で言うと他都道府県に遠征試合に行くようなものです。

しっかり取り組めば、ものすごい力になります。

その地域の受験生と勝負する心持ちで、時間を計り、模試のように解くといいでしょう。

ぜひ、『全国高校入試問題正解』と、『全国高校入試問題正解 分野別過去問』の両方を使いこなすことを目指してください。

第6章

＼これで完璧！／

冬休みと3学期で入試勉強の総仕上げをしよう

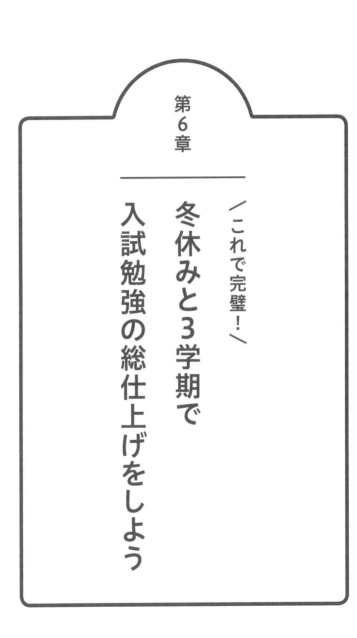

1

「入試追い込み時期」はどんな勉強をすればいいの？

さあ、いよいよ入試も追い込みです。

まずは、この追い込み時期の取り組みの基本についてお話しします。

第1章でもお伝えした部活のたとえですが、運動部で大会前の練習というのは、練習試合が多くなりますよね。

その理由は、大会と同じ試合形式で自分たちの仕上がりを確認するためでした。

試合形式で仕上がりを確認し、その試合で見えてきた弱点をピンポイントで練習して改善していく――。

これが大会前の取り組みの基本です。

これを高校入試版で言い直すと、**「過去問演習で仕上がりを確認し、その結果で見えてきた弱点をピンポイントで復習して理解度を高めていく」**ということです。

次ページにこの流れを図示しておいたので、よく確認しておいてください。

大会前の部活練習

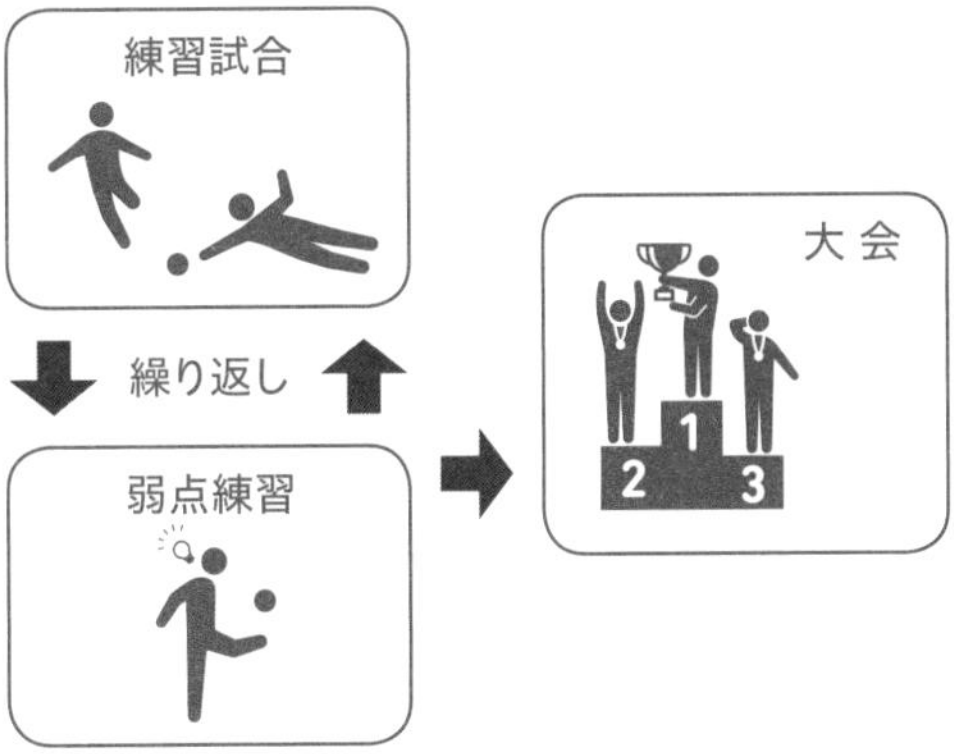

入試前の仕上げ勉強

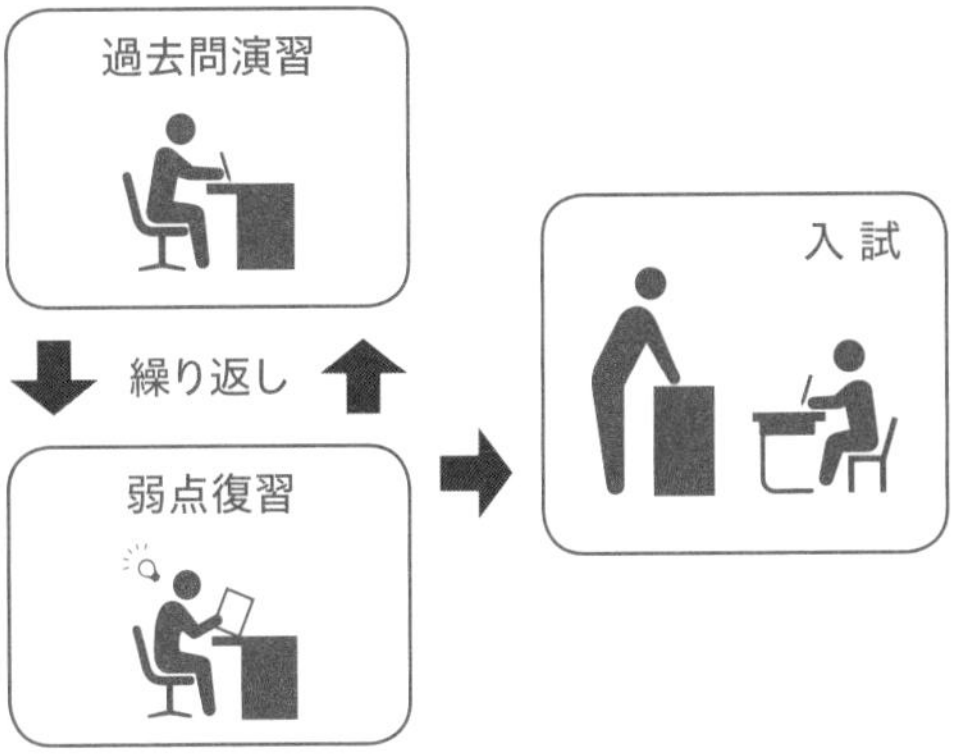

それではさっそく話を進めていきましょう。

まず、「冬休み」は学校の授業の進度や日々の課題を気にせずじっくりと勉強に取り組める最後のチャンスです。

取り組む教科のバランスですが、追い込み時期に入っていますので、暗記系教科の**「理科・社会」**を多めにやれるといいでしょう。

取り組む内容に関しては、**「過去問に取り組む前の最終準備」**をテーマにして進めてください。**「各単元の復習」**や**「総合問題の演習」**などに取り組むことをお勧めします。

第4章でもお伝えしましたが、**「英語や理科、数学の『予習』」**も過去問演習の準備と言えます。余力のある人は、この冬休みですべての予習を終えたいところです。

また、3学期の定期テストが入試にかかわる地域の人は、**「テスト範囲となる単元の演習」**がテーマとなり、過去問演習の準備よりも大切になってきます。

自分の状況に応じて、取り組むテーマを決めていってください。

なお、冬休みのなかでも**「年末年始」**というのは気が緩みやすい時期ですが、できればいつもと変わらず勉強に取り組んでほしいと思います。

百歩ゆずったとしても、いつもの半分の勉強量は必ず維持してください。

冬休みの入試勉強の「週間学習予定例」

	月	火	水	木	金	土	日
9時	数：図形	数：図形	国：読解	数：図形	数：図形	数：総合	調整
	英：長文	英：長文	国：読解	英：長文	英：長文	英：総合	調整
	社：地理	社：地理	社：地理	社：地理	社：地理	数：総合	調整
12時							
	理：生物	理：生物	理：生物	理：生物	理：生物		
	理：地学	理：地学	理：地学	理：地学	理：地学		
15時	社：公民	社：公民	社：公民	社：公民	社：公民		
18時							
						理：総合	調整
	調整	調整	調整	調整	調整	国：総合	調整
21時	課題学習	課題学習	課題学習	課題学習	課題学習	課題学習	調整

最終就寝時刻23時！

- 過去問演習に入る前の単元学習の最終仕上げ期間。
- 3学期の内容の予習をして過去問をやれるようにする。
- 暗記系科目の理科・社会の予定を多めに組む。

さて、ここから入試追い込み時期全般の勉強について見ていきたいのですが、**住んでいる都道府県によって追い込み勉強に専念できるスタートラインが変わります。**

具体的には、**【巻末付録】**でお伝えする**「いつの定期テストまでが入試にかかわるか」**によって変わってきます。

令和3年時点で全国33の都府県は2学期の定期テストまでが入試にかかわるので、追い込み勉強に専念できるスタートラインは**「12月1日」**となります。

2学期の期末テストが終わるであろう12月1日以降は、入試追い込み勉強に専念することができて、冬休みも含めて入試勉強計画を立てることができます。

残りの14道府県は3学期の定期テストまでが入試にかかわるので、入試追い込み勉強に専念できるのは定期テストが終わる**「1月中旬」**です。

2学期と同じように、入試勉強と定期テスト勉強のやりくりを1月中旬まで続ける必要があるということですね（やりくりの方法は2学期と同じです）。

自分の地域がどちらなのかを確認して、12月以降の時間配分を決めてください。

なお、次ページに示した**「3学期の『週間学習予定例』」**のなかに組み込まれている**「過去問演習」**については、次の項目で説明します。

中3の3学期の「週間学習予定例」

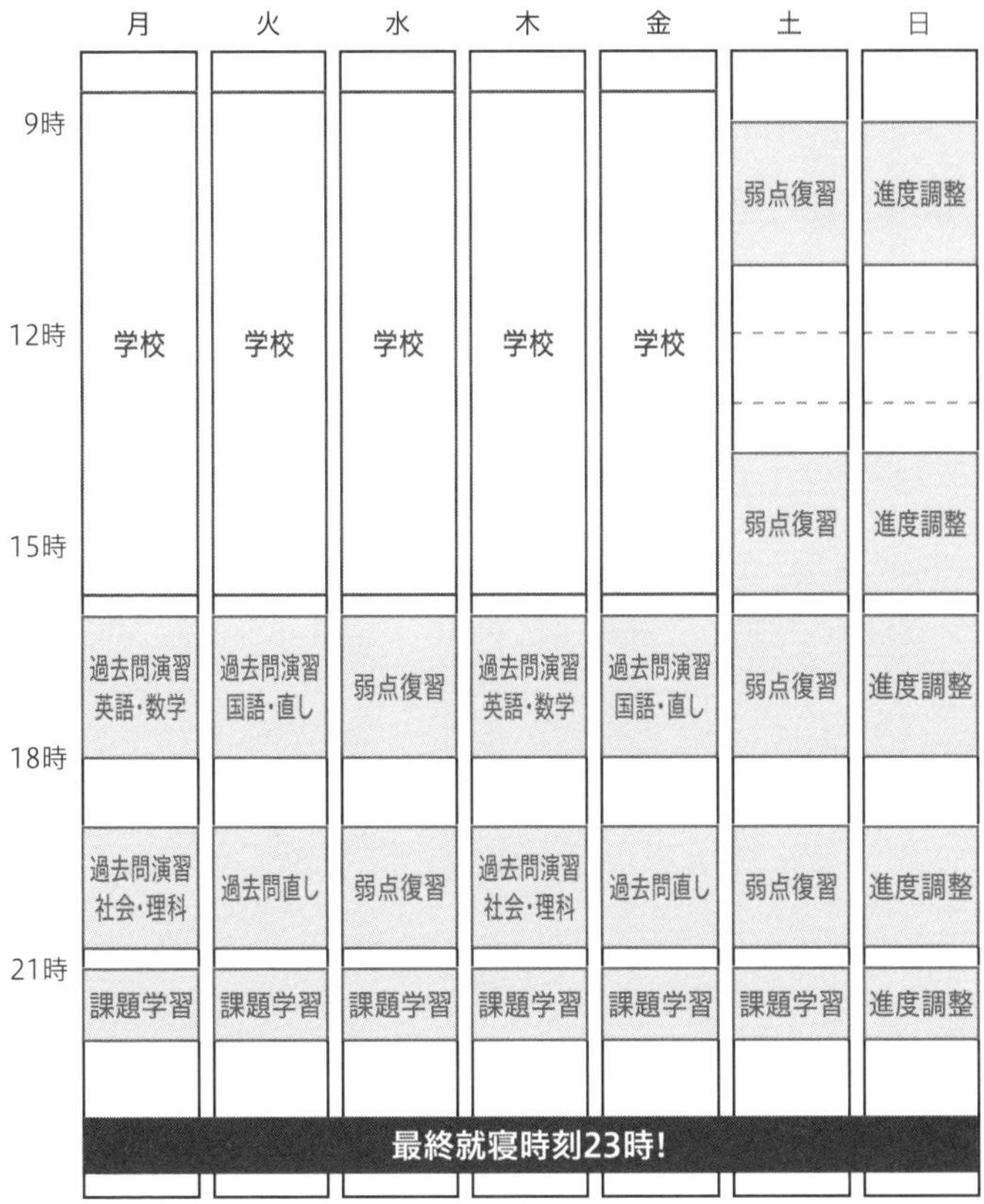

	月	火	水	木	金	土	日
9時						弱点復習	進度調整
12時	学校	学校	学校	学校	学校		
15時						弱点復習	進度調整
	過去問演習 英語・数学	過去問演習 国語・直し	弱点復習	過去問演習 英語・数学	過去問演習 国語・直し	弱点復習	進度調整
18時							
	過去問演習 社会・理科	過去問直し	弱点復習	過去問演習 社会・理科	過去問直し	弱点復習	進度調整
21時	課題学習	課題学習	課題学習	課題学習	課題学習	課題学習	進度調整

最終就寝時刻23時！

- 過去問演習と、そこでわかった弱点復習が基本。
- 過去問の出来が悪いときは弱点復習を増やす。
- 過去問は過去３年分、２回りは最低でも取り組みたい。

2

効果バツグン！「過去問演習」の上手な進め方

それでは、追い込み勉強のメインである**「過去問演習」**の取り組みについて見ていくことにしましょう。大事な最後の仕上げですから、詳しく説明していきますね。

まずは、「公立高校の過去問」を手に入れるところからスタートします。

教育委員会のホームページや、過去問を掲載しているＷＥＢサイトもあるのですが、追い込み勉強に利用するならば**「市販の過去問」**を購入してください。

なぜなら、ネット上に掲載されているものは解答用紙や解答解説が完備していないからです。

市販の過去問は何種類か出ているのですが、一番のお勧めは表紙のオレンジ色が目印の**「英俊社」**の出版する過去問です。

ポイントは**「解答用紙が別冊」**である点と**「著作権のある国語の文章も掲載」**されて

いる点です。

整理整頓が得意な人であれば、表紙が白地に青赤黄の稲妻模様が入る**「教英出版」**の出版する過去問もいいでしょう。

英俊社のお勧めポイントを備えたうえに、**「解説」**も別冊子になっているのが大きな特長です。そして、問題のほうも各年度で分冊になっていてもち運びがしやすいです。

整頓できない人が使うとぐちゃぐちゃになることだけが弱点なので、その点を踏まえて、この2つのどちらかで選ぶといいと思います。

紙面構成の都合で、数学などは途中の計算をするスペースが足りないと思いますから、別に計算用紙を用意して取り組むことをお勧めします。

次に、志望校を踏まえて「目標合計点」と「各教科の目標点」を決めます。

私の塾では過去問を配付する10月に両方とも決めています。実際にとるべき点数が明確になるこの作業は、生徒全員の気持ちがキリッと引き締まります。

まずは、**「内申点△△点で○○高校に合格するためには、入試当日は合計何点くらいとる必要がありますか？」**と学校や塾の先生に合計点の目安を聞きましょう。

その数字を基本として、ネットの情報でも確認をとるようにしてください。もちろん、先生の情報のほうが信ぴょう性は高いですが、データは多いほうがいいですからね。

これを踏まえて「目標合計点」を決定。**さらに、そこからその数値を5で割れば、1教科あたり何点平均で点をとる必要があるのかがわかります。**

ここから自分の得意・不得意で各教科の点数を前後させれば完成です。

110点満点（各教科22点満点）の愛知県の公立入試を例に具体的にやってみると、次のような感じになります。

「○○高校は目標合計点80点なので5で割って各教科平均16点必要。得意・不得意を踏まえて【英語12点　数学20点　社会16点　理科18点　国語18点】をとる」

これで各教科それぞれ何点とればいいのかということと、各教科それぞれ何点まで落としても大丈夫なのかが判明しましたね。

第2章でお伝えした「高校入試勉強の3つの基本作戦」の1つが**「満点ではなく合格最低点超えを目指す」**でしたが、ここでその作戦を使っていくわけです。

さあ、実際に過去問演習に取り組み始めます。

まずは、**「昨年の過去問」**からスタートです。

過去問を解くときのコツはズバリ、**「本番と同じようにリアルに取り組む」**です。**教科に取り組む順番も本番と同じにし、時間を計って実際の制限時間で解きます。**

好きな教科だけ何年度分も先に解いたり、時間をオーバーして解いたりしてはいけません。実際に過去の年度で受験をしたらどれくらいの点数がとれるのかを見ることが大きな目的ですから、ここまでしないとせっかくの過去問演習が台なしです。

マルつけに関しても、5教科すべてを解き終えてから一気にマルつけをしたほうが、よりリアルになりますね。

入試当日は「最初の英語、点をとれたかなあ？」とか「社会は8割とれただろう！」など、先に解いた教科の結果を想像してモンモンとしながら後半の教科に取り組むわけです。

したがって、練習時もこの「モンモン感」をもちながら解くほうがリアルですよね。

とはいえ、**「学力をつける」**という観点からは1教科ごとのマルつけのほうがいいので、今お勧めした方法は、入試直前まで温存しておいてもいいと思います。

いずれにしても、この過去問演習を通して出題の傾向をつかんだり、時間配分を決めたりしていきましょう。

解き終えてマルつけまで終えたら、次は丁寧に**「直し」**をしていきます。

基本的にいつもの勉強と流れは同じです。間違えた問題にチェックをつけ、解説を読み、解き直す。解説を読んでもわからない問題は先生に質問する。

その際には、模試のときと同様に、必ずしも全問直す必要はありません。

各教科の目標点数を少し超えるほどまで直すことができればOKです。

教科にもよりますが、出題パターンが毎年一緒で、もしも難しい問題が毎年出題される個所があれば、そういった問題は直しをやらなくてもかまいません。

また、直し作業をしているプロセスでは、**「点をとるべき予定の単元なのにうまく点数がとれていない部分」**も出てくることでしょう。

じつは、ここがこれから取り組むべき弱点個所です。

後で復習をする単元として、大きな字でメモをしておいてください。

さて、ここから仕上がり具合によって進め方が変わってきます。

次ページの図を見てください。

過去問演習の進め方

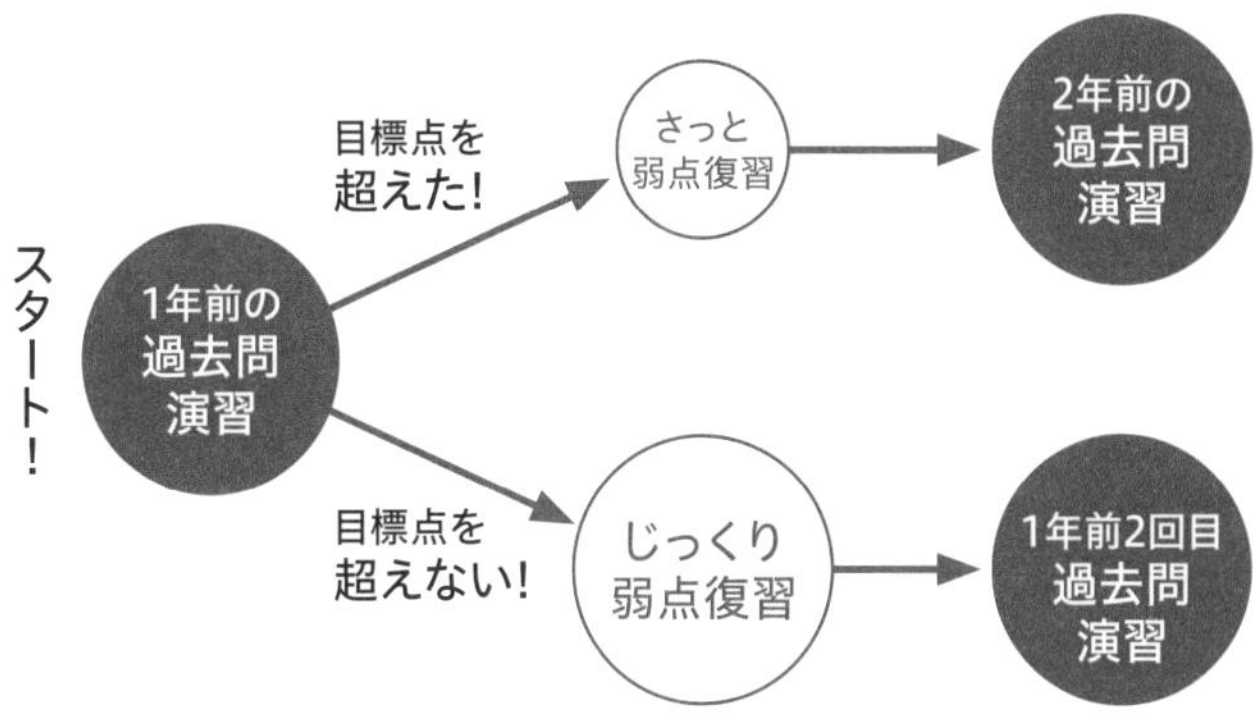

もしも最初に決めた5教科の目標合計点を超えていたら、サッと弱点復習に取り組んだ後に、もう1年前の過去問に取り組みます。

目指すレベルの学力が身についているので、過去問を中心にテスト形式で最終調整をしていくわけですね。

逆に、もしも最初に決めた5教科の目標合計点を超えなかったら、じっくりと弱点復習に取り組んだ後に、過去問の2回目の演習をします。

まだ目指すレベルまでの学力が足りていないので、弱点復習を中心に時間を使い、過去問も1回目の修正ができたかを見るべく、すぐに2回目の演習に取り組むのです。

さて、ここから、さらに2つのパターンを見ていきます。

次ページの図をご覧ください。**●が「過去問演習」、○が「弱点復習」です**（○の大きさの違いは、取り組む時間の差です）。

目標点を超えている場合は、過去問中心でどんどん年度を変えて演習していきます。この場合は、掲載されているすべての年度の過去問をやり尽くせるはずです。

もちろん、復習すべき弱点単元が見つかったときは、過去問演習をやめて、弱点復習に取り組みます。

一方、目標点を超えていない場合は、弱点復習が中心で、過去問演習のペースは緩めます。演習で浮き上がった弱点を、その量に応じて時間をかけて取り組むわけです。

なお、過去問2回目の演習で気にかけるべきことは、まずは**「1回目のミスが直っているか」**、そして**「時間配分」**です。

「1回目の演習は×と○を分けただけ」であって、そこから×を○にするのが勉強の基本です。きちんとできるようになったか、2回目を解いて確認しましょう。

また、時間配分については、過去問の2回目の演習では制限時間を5分ほど縮めて行ってください。

目標点を超えたかどうかで進め方は異なる

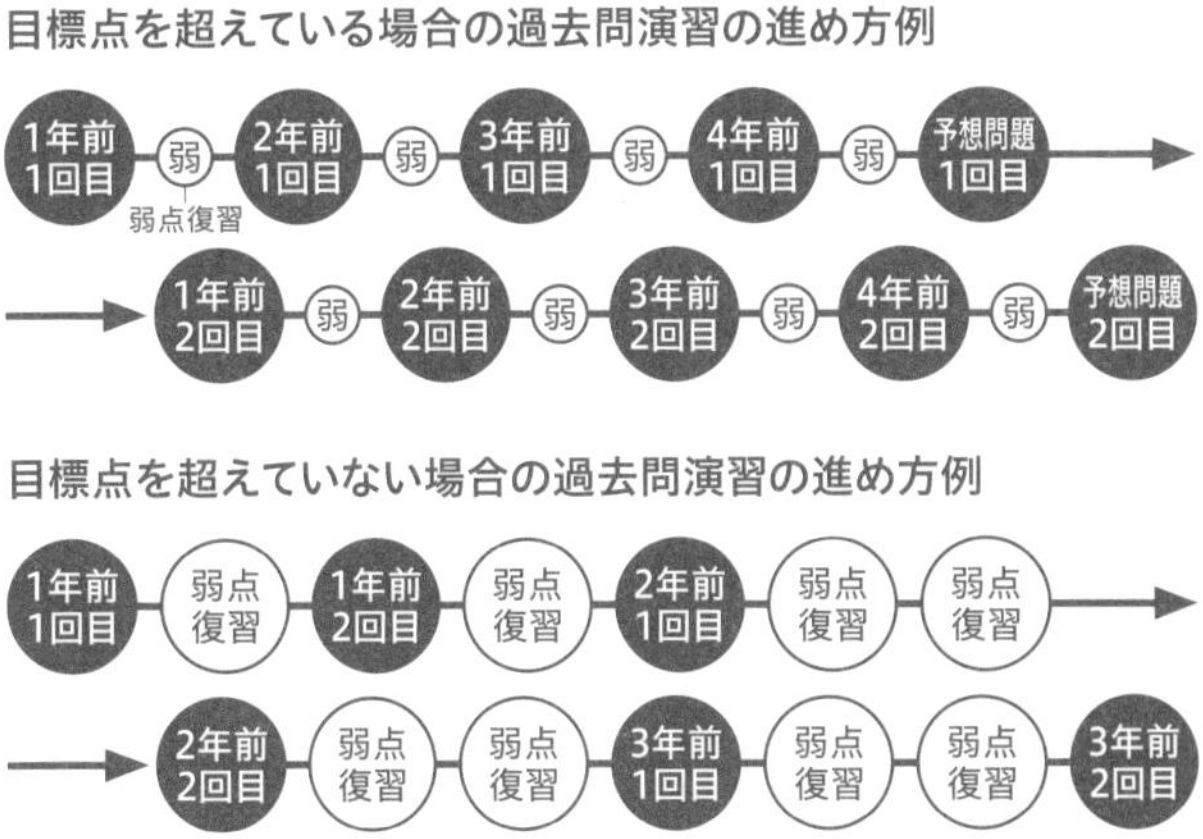

その理由は、2回目の取り組みなので、解く時間が短縮されるはずだからです。

時間内で問題を解き、あわよくば見直しのための時間をつくれるように、早く正確に解く練習をしていきましょう。

ちなみに、時間配分はあまり細かく決めなくてもかまいませんが、**「半分解き終えたときに時計を見て経過時間を確認する」**ことはぜひやってください。

そうすれば、どれくらい進んだのか現在地がわかりますからね。

なお、次ページに、私の塾で使っている**「過去問点数記入表」**を掲載しておきますので、よかったら参考にしてみてください。

過去問　得点記入表

名前 ＿＿＿＿＿＿＿＿

志望校 ［　　　　］

目標点

国語	数学	社会	理科	英語	合計

① ＿＿＿＿ 年度(1年前)　1回目

国語	数学	社会	理科	英語	合計

④ ＿＿＿＿ 年度(1年前)　2回目

国語	数学	社会	理科	英語	合計

② ＿＿＿＿ 年度(2年前)　1回目

国語	数学	社会	理科	英語	合計

⑤ ＿＿＿＿ 年度(2年前)　2回目

国語	数学	社会	理科	英語	合計

③ ＿＿＿＿ 年度(3年前)　1回目

国語	数学	社会	理科	英語	合計

⑥ ＿＿＿＿ 年度(3年前)　2回目

国語	数学	社会	理科	英語	合計

予備 ＿＿＿＿

国語	数学	社会	理科	英語	合計

予備 ＿＿＿＿

国語	数学	社会	理科	英語	合計

●過去問のやり方

1. 志望校と目標点を記入し、①～⑥まで順に取り組む。
   ※目標点に届かない場合はその年度の2回目演習を先にやる。
2. 制限時間厳守。科目の順番は本番同様この表の左からやる。(愛知版)
3. やり直しを丁寧にする。目標点を超えれば満点じゃなくてOK。
4. 2回目は制限時間を5～10分縮めて行う。

⇨この用紙のPDFデータへのQRコード

3 さらに上を目指す子のプラスアルファ入試勉強——最終仕上げ編

さらに上を目指す子のプラスアルファの入試勉強についても、お伝えするのが最後になりますね。

まずは、何度か書いてきた「予習」に関して。

冬休みが始まるまでに中学校で学ぶ主要5教科すべての学習内容を予習し終えてしまいましょう。

とっくに終えている人もいるかもしれませんが、偏差値60を超える高校を目指す人は、2学期の期末テストが終わってからの期間も利用して、完成させましょう。

もちろんその理由は、過去問の演習で解く問題を、単元によって選ぶことなく、すべて解くことができるようになるからですね。

冬休みには気兼ねなく過去問に取り組めるようにしておきましょう。

その後、過去問演習を中心に勉強を進めていきますが、ここから部活で言うところの

「準備運動」を勉強の最初に組み込むことをお勧めします。

軽く準備運動などと言いましたが、30分ほど時間をとるでしょうか。

この勉強には、**「理解系の教科」**をメンテナンスしていくという目的があります。

まずは、うっかりミスが命とりとなりうる**「数学の計算問題」**を毎日、数題解いていきます。

加えて、**「英語長文」**と**「国語の読解」**を1題ずつ交互に毎日。

いずれも「電話帳」（『全国高校入試問題正解』）や自分の地域の過去問を利用して、日々の準備運動として取り組むといいでしょう。

ちなみに、数学の入試計算問題を日々繰り返し行う学習は、私の塾でも全生徒に行っているのですが、その効果はバツグンです。

日々、計算問題に取り組む学習は、すべての受験生にお勧めします。


さて、購入した公立入試の過去問は5カ年分くらい収録されていますが、上位校を目指す人は入試当日までに大きな時間を残して終えてしまうかもしれません。

間違えた問題の修正具合を見るべく取り組む2回目の演習を終えても、入試当日まで大きな時間を残すといった具合ですね。

この貴重な**「残りの時間の使い方」**を検討していきましょう。

第1候補は**「公立入試予想問題の演習」**です。これは都道府県によりますが、一部の地域では公立高校の入試予想問題が市販されていることがあります。

これを購入して取り組んでいくのです。

愛知県で言うと、2社から合計4回分の入試予想問題を購入することができます。出題傾向を踏まえてつくられたものですから、とてもいい予行演習となります。

取り組んだ後にじっくり解き直しをし、必要に応じて苦手単元の復習をするといいでしょう。

自分の住む地域で予想問題が発売されているかどうかは、**「〇〇県　公立高校　予想問題」**と検索をかけて調べてください。

もしも予想問題が発売されていない地域であったならば、これまでに何度もご紹介してきた**『全国高校入試問題正解』**に取り組むといいでしょう。

すでに購入をして取り組んでいたならば、過去の取り組みで間違えた問題を1問1問、丁寧に解き直してください。

4 入試直前！最終仕上げをするときの注意点

入試当日まであとわずか。

ここでは、**「公立高校の入試」**を1週間後に控えるという時期を想定してお伝えしていきますね（たいていの場合、すでに滑り止めの私立高校入試も終えていますから、入試そのものの会場での緊張感は、もう経験できていることと思います）。

ラスト1週間の取り組みについてのアドバイスは2点あります。

1点目は、「一生懸命、いつもと同じ生活をする」ということです。

1年かけて準備をしてきていますから、つい力が入ってしまうことがあるかもしれませんが、あらゆることをいつもと一緒でいられるように一生懸命に努力をするのです。

急に夜遅くまで勉強をやり始めない。急に新しい教材を買ってこない。急に変な教育系動画を見始めない。

大切なのは、心身ともにいつもの調子を維持することです。

焦っていつもと違うことを急に始めたところで、事態が大きく変化することはありません。

嫌なことを言いますが、ここからもしも大きく変わることがあるとするならば、体調を崩してしまうことくらいです。

私はこれまでの指導のなかで、直前に体調を大きく崩す生徒たちをたくさん見てきました。

体調不良者向けの別日受験が設定されることもありますが、大事な時期の想定外の事態に受ける心理的ショックはとても大きく、避けたい展開です。

1年かけて準備した力が想定外の状況で発揮できないということにならないよう、一生懸命、いつもと同じ生活を維持しましょう。

ただし、就寝時間を早めるのはいいことなので、1週間前くらいから入試当日を想定して、22時台の就寝を目指して生活リズムを変えていくことには大いに賛成です。

もちろん、それを実行するならば、ちゃんと入試までその習慣を続けることが条件ですけどね。

もう1点のアドバイスは、「新しい問題に挑戦するのをストップする」ことです。

残りの時間を考えて、解き直しまで終えることができないという消化不良を防ぐべく、1週間前くらいには新たな問題に挑戦することをやめましょう。

これは、メンタル的なことを考慮しての作戦でもあります。

ごく一般的な中学生のメンタルであれば、この時期は否が応でも緊張してきています。そんななかで、新しい問題に挑戦して、解けない問題が続くようなことがあれば、自信を失って、入試当日にいつもの力が出せないということにもなりかねません。

したがって、ラスト1週間はこれまでに解いて間違えた問題の解き直しや、苦手単元の復習にじっくりと取り組むか、もしも過去問演習をするなら、1回解いた年度の問題を再度解くようにするほうがいいでしょう。

もちろん、**「私立高校入試でもたいして緊張しなかったし、そんな心配はいらない！」**というようにメンタルが強い人に関しては、このかぎりではありません。

消化不良を起こさぬよう、しっかりと解き直しまで取り組める程度にすることだけ気をつけて、直前でもガンガン新しい問題に挑戦すればいいでしょう。

5 入試前日と当日はこのように過ごそう

ついに入試がやってきてしまいました。

この章の最後として、**「入試前日と当日の注意点」**について確認をしていきましょう。


さあ、入試前日。


まずは、入試当日と「同じ時間」に起床しましょう。

入試の当日をいつもの1日とすべく、同じ時間帯で過ごしていくわけです。


次に、「明日の準備」を完了させましょう。

中学校より指示されているもち物を順にカバンに入れていくだけですが、忘れずに準備をしてほしいのが**「腕時計」**です。

入試会場では、各部屋の時計のズレや、万が一の電池切れなどの不測の事態を避けるべく、壁掛け時計がわざと外されている場合もあります。

そうした不測の事態を避けるためにも、腕時計をもっていくといいでしょう。

今やスマホの登場で、腕時計をする人は昔に比べてずいぶん少なくなりました。

もし、あなたが腕時計をもっていないならば、知り合いに借りるか、家電量販店で安いものを購入してもっていきましょう。

その際には、**「残り時間を確認しやすい、文字盤に数字が書かれたアナログ腕時計」**をお勧めします。


3つ目の注意点は、「受験する高校への行き方」を再度確認しておくことです。


「大勢で行くから大丈夫」という状況は逆に危険です。

実際、入試会場へ大勢で向かったが、道に迷って試験開始時間に遅刻しそうになったというエピソードを生徒から聞きました（昔話ではなく今春の話です！）。

事前に入試会場に行ったことがある生徒がゼロの状況なのにもかかわらず、中学校の先生も含めて皆が「大勢で行くから大丈夫」と思っていたのでしょう。

じつに恐ろしいことです。

もし可能なら、下見がてら実際に経路を確認に行くといいですし、それが難しいときはネットの**「グーグルマップ」**から**「グーグルストリートビュー」**を利用して、経路を映像で確認しておくといいでしょう。

なお、「一生懸命、いつもと同じ生活をする」は食事に関しても同様です。

入試前日に、翌日の献立を親に確認してください。

「カツ丼で勝つ！」などとお母さんが張りきっていたら、よほど胃袋に自信をもっているのでもないかぎり、気持ちだけ受け取って、全力で止めましょう。

張りきりすぎたお母さんが入試当日の朝にカツ丼を出してくれて、「受験会場に着いたころに胸焼けがした」と言っていた生徒が過去にいました。

油を多く使ったカツは多少なりとも胃腸に負担をかけますから、カツを食べるなら念を入れて入試の2日前にリクエストするといいと思います。

ついに入試当日です。

しつこいですが、いつもと同じようにしましょう。

試験会場内の温度は予想できませんから、調節できるように重ね着をしていって、必要に応じて脱いだりできるようにしておくことです。

無事、会場に到着して自分の席についたら、ひとまずトイレに行きましょう。

トイレの場所を確認できるだけでなく、気持ちを落ち着かせるためにも有効です。**入試が始まるまでと教科の合間の時間は、いつも使っていた教材を見ながら、いつもの時間を過ごせるといいですね。**

いつも以上の力など都合よく出ることはありませんから、いつもの力を出せるように、いつものように落ち着いて取り組むのみです。

緊張するかもしれませんが、適度な緊張はプラスに働くから大丈夫。過度な緊張も、しばらくしたら落ち着くから大丈夫。

いざ、試験開始。

いつもの過去問演習と同じ感じで解いていきましょう。

あとは、この日を迎えるために重ねてきた勉強の成果を、紙の上に記していくだけです。

繰り返しになりますが、いつものようにやれば大丈夫！

きっと、望んでいた結果が得られることでしょう。

終章

大切なわが子を見守る保護者の方への「5つのお願い」

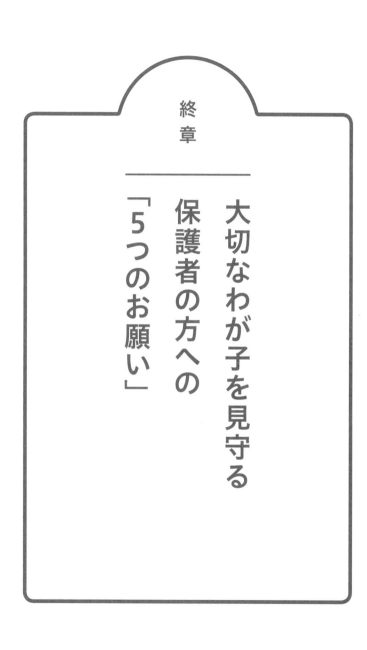

1

わが子との理想の距離感は「目を離さず手を出さず」

この本は高校入試を目指す中学生へ向けて書いたものですが、なかにはわが子のためにお読みになっている保護者の方もいることでしょう。

そこで、この章は保護者の皆さまに向けて書いてみました。

もっと言うなら、これから入試に臨む子どもをサポートするうえで実践してほしいことがあるからです。

耳が痛いことを言うようですが、**「子どもの学力の成長を妨げている原因が、じつは保護者のかかわり方にあった」**ということはザラにあります。

わが子のことが心配だからこそ、親が出すぎてしまうことがあるのですね。

そして、この加減は口臭や体臭と同じで、なかなか自覚しづらい部分でもあります。

わが子との今後のかかわり具合の参考にしてもらえたら幸いです。

まずはタイトルのとおり、わが子との**「理想の距離感」**について見ていきましょう。

私は、これまでの生徒家族を見てきて、**「目を離さず手を出さず」**という距離感でわが子とかかわってもらうことが一番よさそうだと感じています。

そもそも中学生の時期というのは、ちょうど子どもと大人の過渡期なので、過度な子ども扱いも大人扱いも間違いだと思っています。

たとえば、塾の最初の面談時に、子どもを差し置いて保護者がすべて喋ってしまうような家庭がありますが、これは明らかに**「保護者が出すぎ」**です。よかれと思って、子どもの先回りをして保護者が何でもやってしまっているのですね。

しかし、そんな振る舞いは子どもの自主性を消してしまうだけ。

その一方で、「すべて子どもに任せています」と言って1から10まで子どもに丸投げしているパターンもあります。これはキツイ表現を使うならば、**「耳障りのいいセリフを盾にして、子育てを放棄しているだけではないか」**と私は感じています。

その子の精神的な成長具合も踏まえながら、その子に合った適度な対応が必要だと思うのです。

難しいことを言うようですが、たとえるならば**「服屋の感じのいい店員さん」**の振る舞いの真似をしておけば大丈夫です。

なぜなら、服屋の感じのいい店員さんがまさしく「目を離さず手を出さず」という振る舞いでいるからです。

服屋の感じのいい店員さんは、ほどよい距離感でお客を見守ってくれています。

「ご試着できますので、いつでもおっしゃってくださいね」というセリフには**「あなたのことを気にかけていますからね」**という意味がこめられています。

さり気ない素振りで少し離れたところで服を畳みながら、神経はお客のほうに注がれているという具合ですね。

そこで聞きたいことがあれば、お客も店員さんに話しかけるでしょう。

店員さんはどこまでもお客の希望に沿うように「目を離さず手を出さず」近くで見守っているのです。

これです。これでいきましょう。

子どもが効率の悪い勉強をしていたり、いつまでも勉強に取り組まなかったりなど、目に余ることはたくさんあるかと思いますが、とりあえず期日どおりに課題をこなしているうちは見守ってあげてください。

中学生はもう半分大人なので、強権を発動してコントロールするような対応は、その場では効いたとしても長続きしません。

いざ定期テストが返ってきて結果が悪く落ち込んでいるようなときに、満を持して改善の相談に乗ってあげるといいと思います。

ついつい子どもに口を出すこともあるでしょうし、「うちの子、声をかけないと、いつまでたっても勉強しません！」と思うこともあるでしょうが、まずは「目を離さず手を出さず」を実践してみてください。

ちなみにこの取り組みがうまくいっているかどうかを判断する目安にしてほしいのは、**「テスト結果を隠すことなく即座に見せてくれるかどうか」**という部分です。

親の学習サポートが良好であれば、子どもは信頼してどんな結果も即見せてくれます。親が子どもを大事に思うあまり、過度な期待をかけて負担を与えている場合は、子どもはテスト結果を隠したり、素直に見せなくなるものです。

目を離さず手を出さず、即座にテスト結果を見せてくれる関係を目指してください。

2

わが子の体調管理をできるのは保護者しかいない

中学生の勉強のコツを聞かれたときに、私がいつも最初に答える内容が「体調を万全にすること」になります。

具体的に言うと、「睡眠時間を8時間とること」ですね。

睡眠不足では、学んだ内容はこぼれ落ち、頭に入っていきません。

ましてや居眠りしてしまおうものなら、学んだ内容がゼロになってしまいます。

睡眠不足でボーッとしてしまっている状況ではいい結果にならないことは、勉強をスタートする前から見えているのです。

こうならぬよう、「子どもの体調管理の総監督」として活動してください。

睡眠時間を8時間確保させるために、子どもを23時までに布団に入れて消灯するというのは、体調管理の最重要ミッションになります。

体調による1日の集中度の違い

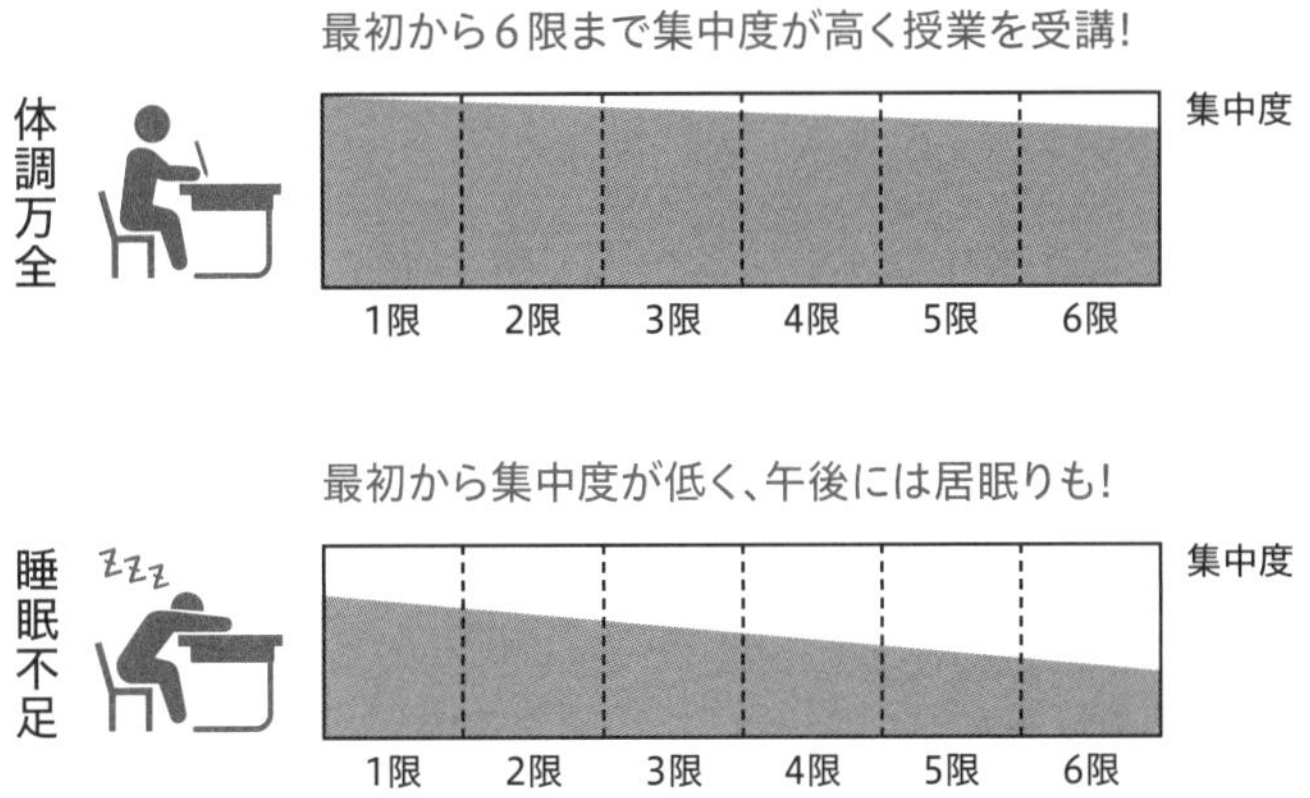

ここは子どもの意見を尊重する必要はありません。絶対的な部分です。

保護者の権力をかざして、家族の総力を結集して、さらにはお小遣いなしやスマホ没収という強権を発動してでも、23時には布団に入れましょう。

「今までどれだけ遅くまで起きていても何も言わなかったじゃないか！」と子どもから非難をされることがあるかもしれませんが、そんなときは、**「今まで間違っていた。ごめん」**と素直に謝ってください。

とにかく、何が何でも8時間の睡眠時間を確保することに全力を尽くすのです。

ここがうまくいったなら、子どもの体調管理は8割成功です。

さて、体調管理にとって大事なことの残りの2割は、**「決まった時間に朝食をとること」**です。

文部科学省が**「早寝早起き朝ごはん」**というキャッチフレーズで生活習慣を整えるように推奨していますが、まさにこのキャッチフレーズどおりです。**まずは朝ご飯を毎日、必ず食べて、脳に栄養をしっかり与えてから学校で勉強に向かってほしいのです。**

朝ご飯を食べることで、昼間の集中力が増すことや、夜もスムーズに眠れることが最近の研究でわかってきているそうです。

朝食に関しても、保護者の権力をかざして、家族の掟として食べさせていきましょう。「食欲がない」「いらない」などと子どもが言っても、決して聞く耳をもってはいけません。

「朝食を食べないなら夕食も食べさせない」くらいの強い言葉を投げかけるなどして、決まった時間に朝食をとる習慣を定着させてください（朝食は、こったものでなくても、バナナでもコーンフレークでもいいと思います）。

ちなみに、この朝食の習慣は休日でも同じです。

生徒たちと会話をしていて気がついたのですが、勉強が得意な生徒の休日の朝は、平日と変わらないスケジュールであることが圧倒的に多いのです。

ちゃんといつもの時間に朝食を家族で食べているのですね。

「休日なんだから、ゆっくり寝ていてもいいじゃないか」というセリフを言っていいのは、遅くまで働いていたり夜勤をしている社会人だけです。

休日であっても、生活リズムを崩すことなく、就寝時間も、起床時間も、朝食をとる時間も、平日と同じに過ごすことが大切です。

もちろん、共働きの家庭とかであれば、保護者も休日の朝はゆっくりしたいということがあるかもしれませんが、自分のことは棚に上げておいてでも、子どもには生活リズムを崩さぬように求めていきましょう。

3 「誘惑コントロール」の番人になろう

2008年という年は、家庭学習の難易度が跳ね上がった年です。これは、iPhone が日本で発売された年ですね。

スマホが人々の生活を一変させたように、中学生たちの生活もスマホにより一変しました。

言わずとも誰もが知るところですが、スマホは電話機能だけにかぎらず、ウォークマンであり、ビデオであり、ゲーム機であり、あらゆる機能を備えた電子機器です。

次ページに図でも示しましたが、こんなものが勉強するそばに置いてあったならば、気になって勉強に集中できないのも、しかたのないところではあります。

先にも少し触れましたが、それを裏づけるように **「同じ空間にスマホがあるだけで集中力が下がる」** などという恐ろしいデータまで近年、出てきています。

また、スマホは勉強を妨げるだけでなく、睡眠も妨げます。

スマホが手元にある勉強はこの環境と同じこと！

スマホが発するブルーライトは、就寝前に見ることで体内時計のリズムを乱してしまい、眠れなくなってしまったり、睡眠の質を下げたりするのです。

勉強と睡眠の両方で悪影響を及ぼしてくるスマホ――。

だから、これを保護者のコントロール下に置いて、制御するようにしてほしいのです。

お願いしたいことは、とてもシンプルです。

「勉強部屋と就寝部屋にはスマホ（誘惑物）を絶対入れない！」

これだけです。

物理的に制限することが最大のコツです。

リビングにスマホの充電ケーブルを設置して、原則としてリビングから出さないことをお勧めします。

実際、勉強が得意な子の家庭はこのルールが徹底されていますし、かくいう私自身も寝室にはスマホをもち込みません。

おかげで、寝つきはいつもバッチリです。

今後、このルールをスマホを扱うときの条件にしてください。

もちろん、なかには「スマホをうまく勉強に利用できるようにさせてあげたい」という保護者もいることでしょう。

その意見には私も賛成ですし、今後はますますスマホを利用して情報を得るスキルが必須となってきます。

すでにお話ししましたが、そんなときは、勉強部屋から出てこさせて、スマホを使う間はリビングで勉強をさせればいいのです。

とにかく、勉強部屋と就寝部屋には絶対にスマホを入れないことです。

守らないときは、そのスマホを水没させるくらいの覚悟で臨みましょう。

4 「才能」ではなく「努力」をほめる

「おお！　すごいな！　天才だな！」

いい成績をとってきた生徒に対して、私は冗談でもこういったほめ方をすることはなくなりました。

なぜなら、このほめ方は成績を下げる可能性を高めるほめ方だと知ったからです。

生まれもった才能であるかのような声かけをふだんからされていると、子どもたちはひどい成績をとってしまったときに、大きな不快感をもってしまいます。

ここから、自分の能力を超えるかもしれない難題への挑戦をしたくなくなり、ひどい成績をとってしまったときには、その結果を隠したりごまかしたりするようになってしまったりするそうです。

では、どんな声かけがいいのでしょう？

「おお！　すごいな！　頑張った成果だね！」

このように「結果を出すまでの努力の具合」をほめるのです。

「努力を重ねたからこそ手に入った成果だね」と声をかけていくことで、**「取り組みの結果は努力に左右される」**という考え方になっていき、いい成績も悪い成績も受け止めることができるようになります。

実際、努力をほめられて育った子は、才能をほめられて育った子に比べて、自分の能力を超えるかもしれない難題であっても、どんどん挑戦していくそうです。

そして、たとえひどい結果であっても、**「次はもっと努力をしてみよう」「努力のしかたを変えてみよう」**と、前向きに受け取ることができるようになっていくそうなのです。

ちなみに、これらはスタンフォード大学教授であるキャロル・S・ドゥエック教授の著書**『マインドセット「やればできる！」の研究』（草思社）**で知ったことです。

以来、私はこれを日々、実践しています。

ぜひ、保護者の皆さんも、今後は才能ではなく努力をほめるようにしてあげてください。

5
合格だけを目指すようなことはしない

最後の5つ目です。

決して、合格だけを目指さないでください。

ちょうど先ほど「才能をほめないで努力をほめてほしい」という話をしましたよね。

このことは、受験の結果に関しても同様なのです。

「受験結果で評価しないで、努力を評価してほしい」

これは、まぎれもない私の本音です。

数年前のことです。私の塾に見事な努力を重ねてきた中3の女の子がいたのですが、入試の結果は残念ながら第一志望の高校が不合格でした。

合否の連絡をお願いした時間帯から半日遅れたころに、お母さまと一緒に泣きながら結果報告に来てくれました。

彼女の悲しみは、心から理解できます。

しかし、私は彼女の感情の波長に合わせることなく、笑顔で言いました。

「結果は残念だったけど、本当に見事な努力だったよ。この重ねた努力を高校に入っても続けていくんだよ」

「リベンジという表現は嫌いだけど、次の挑戦のときにいい結果を手に入れることができるように、頑張っていこう」

私の言葉は、その日の彼女の心には届かなかったかもしれませんが、いつかこの言葉を受け止めて実践してくれるはずだと信じて伝えました。

どうか、子どもたちの受験の合否だけで評価をしないで、そこへ向けた努力を評価してあげてください。

子どもたちが迎える人生最初の岐路です。どんな結果であっても、前を向いて次への挑戦の気持ちが湧くように、応援してあげてほしいと思います。

以上、私が保護者の皆さんにお願いしたい5点を見てきました。

ぜひ、ここでお話ししたことを参考に、お子さんの**「最強のサポーター」**になってあげてください。

［巻末付録］

自分の住む都道府県の「高校入試システム」を知っておこう

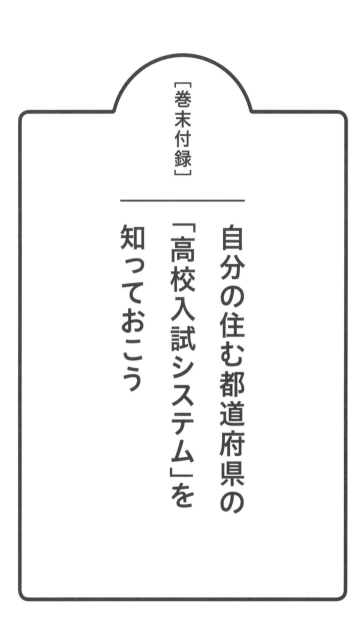

1 自分の地域の入試情報を集める「場所」を確保しよう

さて、最後に［巻末付録］として、あなたが入試に挑む都道府県の**「高校入試システム」**の調べ方や注意点などについて見ていきたいと思います。

「高校入試の勉強を始めたいけど、私が住む県はどんな入試システムなんだろう？」

このような疑問があるうちは、まだ入試勉強をスタートしてはいけません。

「どんな入試システムなのか？　スケジュールは？」

「どんな問題が出るのか？　難易度は？」

「合否はどうやって決まっていくのか？」

まずは、全国的にはどんなシステムになっているのかなどを見ながら、自分が住む地域の高校入試システムを確認していきましょう。

それでは、さっそく情報を集めていきます。

この情報収集をする際の主役は「インターネット」です。

今やネットの普及で、誰でも容易に情報にたどりつくことができます。

参考までに、入試情報を集めるためにブックマークしておくべきWEBサイトをいくつかご紹介することにしましょう。

まずは、**「教育委員会の高校入試ページ」**です。

ここには、高校入試にまつわるすべての情報が揃っています。

「○○県　高校入試」と検索をかければ、TOPでその県の教育委員会の高校入試ページが表示されるはずです。

さっそくブックマークしておきましょう。

とはいえ、教育委員会のページは、まさに事務的な書類置き場といった感じで、中学生がここから情報を得ていくのは少々しんどいのも事実です。

そこで、もう少しわかりやすく入試システムを説明してくれているサイトも押さえておきましょう。

今度は、**「○○県　高校入試システム」**と検索をかけてみます。

そして、検索結果で出てきたページから、内容がわかりやすいものをブックマーク。聞いたことがある大きな塾や大企業のページの情報ならば、基本的にわかりやすく書いてあり、その内容も信頼度が高いです。

なかでも全国共通してのお勧めページは、通信教育大手ベネッセの**「進研ゼミ中学講座——高校入試情報サイト」**です。内容が見やすく充実しているので、私も頼りにしています。

ここで、自分の地域における高校入試の全体を把握できます。

さて、これで安心かというと、まだ足りません。

もう少し踏み込んだ内容を把握するために、さらにWEBページを探ります。

「実際、こういうところに気をつけるべきです！」とか「入試システムがこうなっているので、こんな勉強が効果的！」など、自分の地域の入試システムを踏まえた、さらに具体的なアドバイスや情報を手に入れましょう。

じつは、こういった細かな情報は、先ほどブックマークした教育委員会や大手塾、大企業のWEBサイトは苦手とする分野です。

そう、細かな情報は中小塾の出番なのです。より具体的な情報を日々発信している中小塾のブログや動画チャンネルを探しましょう。

「〇〇県　高校入試　ブログ」「〇〇県　高校入試　チャンネル」と検索をかけて探してみてください。

更新頻度が高く、情報濃度が高いところを見つけることができたらラッキーです。ブックマークして日々、更新をチェックしていくといいですね。

お勧めしたい情報収集先は以上です。

逆に、気をつけるべきWEBページについてもお伝えしておくと、**「受験情報に関するさまざまな掲示板」**の情報は、基本的には信じないようにしてください。

理由はシンプルで、その情報が正確かどうかの信頼度が不明だからです。

教育委員会も学習塾も、WEBページに掲載するその言葉に責任をもっています。万が一、間違った情報を掲載した場合は、訂正が入り謝罪もあるでしょう。

したがって、これがない掲示板は、参考に留めたほうが無難です。

私も受験情報に関するさまざまな掲示板から情報を得ることもまれにありますが、「〜と掲示板で言っている人もいた」と噂話レベルでとらえるようにしています。

2 全国共通！ 高校入試の基礎知識

前の項目では、自分の地域の高校入試情報を得る方法をご紹介しましたが、47都道府県で共通する「高校入試の大枠」というものがあります。

私はこの本を書くにあたって、実際に47都道府県の入試情報を調べて大枠の確認をしてみました。

調べてみると、私の地元である愛知県の高校入試システムは、じつは癖が強く、まったく一般的ではないことがわかって驚きましたね。

このように地域によっては大枠に当てはまらないものもありますが、その1つひとつは半数以上の都道府県で当てはまるものです。

自分の地域の細かなシステムを知る前にこの大枠を知っておくと理解が早くなるはずなので、さっそくお伝えしていくことにしましょう。

次ページの図をご覧ください。

多くの地域で共通する高校入試実施予定

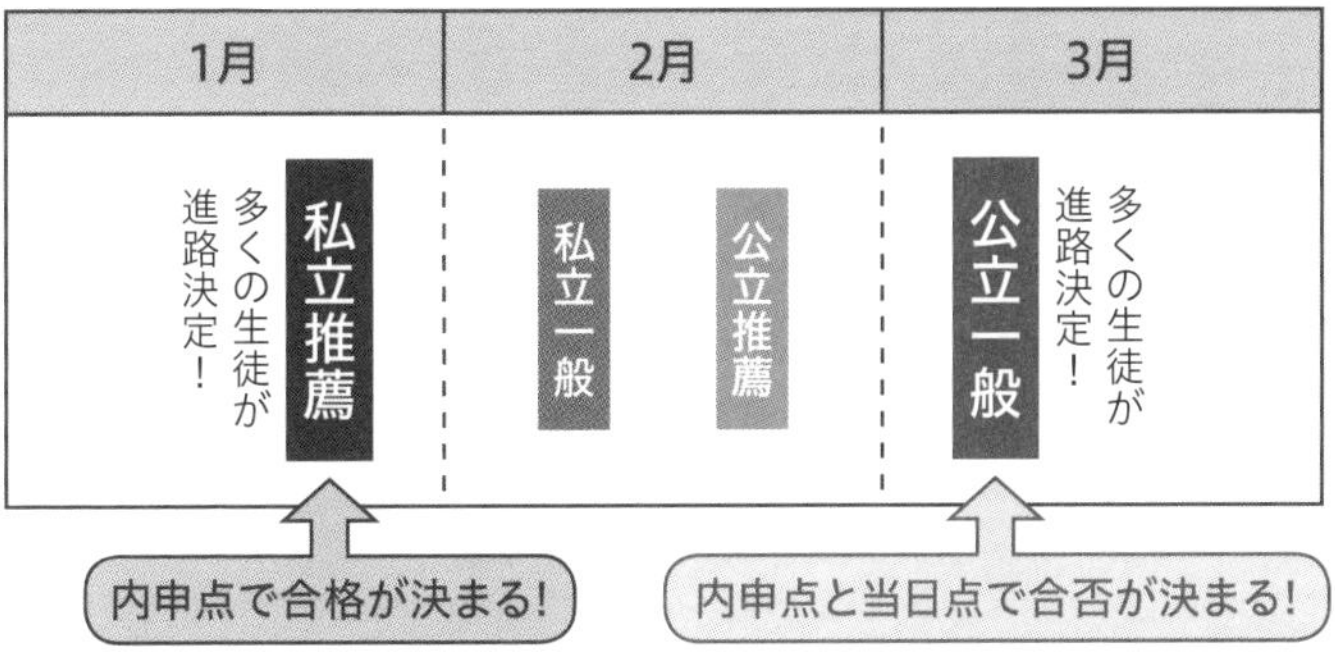

※「推薦入試」と「一般入試」は県によって呼び方が違うことがあります。

ポイントは4点あります。

まずは1つ目。

「高校入試は中3の1～3月に実施」

高校入試は、中学校を卒業する2カ月近く前からスタートします。

どの入試形態で受験をするかによって受験勉強に使える日数は変わってきて、最大2カ月近く変わります。

ちなみに、推薦入試は**「内申点などをもとに中学校から推薦してもらう入試」**で、一般入試は**「筆記試験の点を他の生徒と争って入学を決める入試」**です（「はじめに」でもお話ししたように、この本では主に公立一般入試を目指して取り組む生徒へ向けて書いています）。

スタートは、早い地域で1月の2週から。

終わりは、遅い地域で3月の2週まで。

次に、どんな内訳でこの期間に入試が行われるかと言うと、基本的には以下のようになっています。


「私立推薦↓私立一般↓公立推薦↓公立一般の順で入試を実施」


大半の地域で、この順で実施されます。

全国で最も一般的な時期を書いておくと、1月3週前後で私立推薦入試、2月1週前後で私立一般入試、2月2週前後で公立推薦入試、3月1週前後で公立一般入試の実施となっています。

もちろん、地域によっては「公立の推薦は実施せず」とか「公立推薦が私立一般よりも前」など、いろいろあります。

したがって、これはあくまでも一番多いパターンを示したものですから、あらためて自分の地域のスケジュールを確認しておいてください。

3点目に話を進めます。

これら4つの入試形態のなかで、多くの生徒が利用して進路決定するものはどれかと言うと、ズバリこうなります。

「大半の生徒が私立推薦か公立一般で進路決定する」

つまり、私立高校は推薦入試で大半の入学者が決まり、公立高校は一般入試で大半の入学者が決まるということですね（なお、関西を中心に「推薦」を「専願」と表現する地域もあります）。

その理由としては、私立高校の場合、その高校に進学したければ、一般入試よりも実施が早くて入りやすい推薦入試で大半の生徒が入学を決めるから。

そして、公立高校は推薦入試の定員枠が小さくて、一般入試の定員枠が大きくなっているからです。

ポイントの4点目を見ていきます。

「私立推薦は内申点、公立一般は内申点と当日点で合否決定」

基本的に、これが大半の生徒が受験する2つの入試形式での合格決定のしかたとなっています。

私立推薦は、ほぼ内申点だけで合格が決定されます。

「推薦合格基準」というものが各私立高校で定められていて、合格となる内申点が決まっているのですね。

この基準をクリアしていればいいので、私立志望の生徒たちが合格のために主に頑張るのは、中学校の**「定期テスト」**ということになります。

一方、公立一般は内申点と入試当日点の2つで合否が決定されます。

各都道府県でこの2つの割合は違いますが、基本的にはどちらも必要になってきます。

したがって、公立高校の一般入試を目指す生徒たちは、学校の定期テストを頑張って内申点を確保しながら、入試当日の筆記試験で点数もとっていく必要があるのです。

以上が**「高校入試の大枠」**として押さえておきたい4点です。

まずはこの基礎知識を踏まえて、ここからさらに深く見ていくことにしましょう。

3 高校入試には何年生の内申点からが必要になるの？

学校の定期テストの結果などをもとに通知表に記される**「内申点」**が高校入試に大きくかかわってくるということは、先ほどお伝えしたところです。

さて、ここで質問ですが、何年生の内申点からが高校入試にかかわってくるかわかりますか？

この答えは、「住んでいる都道府県によって違う」です。

ちなみに、愛知県は中3の3学期の内申点が入試の合否にかかわります。

3学期の内申点は1学期から3学期の平均評価ですから、具体的には「中3の1学期の内申点から高校入試にかかわる」といった感じです。

気になったので47都道府県をすべて調べてみたのですが、その結果が219ページの図です。

白が中1から、薄い色のところが中2から、濃い色のところが中3から内申点が必要になります。

令和3年現在では、中1の内申点から必要な地域が31県、中2の内申点から必要な地域が3県、中3の内申点から必要な地域が13県といった状況ですね。

まさに住む地域で大違い。中3の内申点から必要になる愛知県は、むしろ少数派でした。中1の内申点から必要な県が最多です。

さて、あなたの地域は何年生の内申点から入試に必要でしたか？

そして、あなたは今、何年生ですか？

「危ない。来年からだった。よかったー」という人は助かりましたね。

今日までの内申点は関係ありません。

今から内申点を意識して学校の勉強を頑張りましょう。

「ヤバい！　もうとっくに入試にかかわっているじゃないか！」という人は、今日から巻き返していきましょう。

結局、取り組むことはどちらも同じ。

「今から内申点を上げるために勉強を頑張る」のみなのです。

いつから内申点が入試にかかわるの？

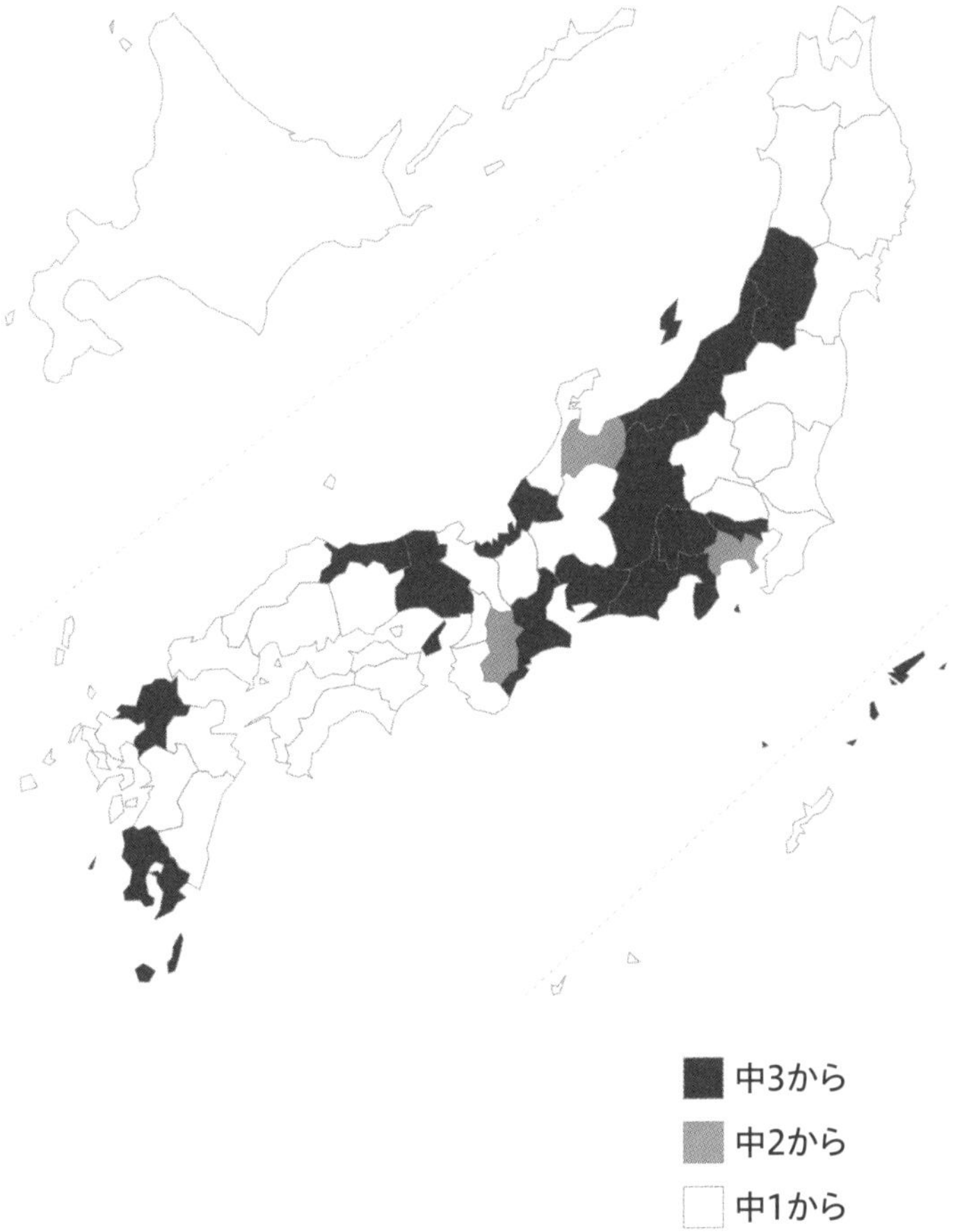

4 いつまでの定期テストの結果が高校入試にかかわるの？

先ほどは「何年生の内申点からが高校入試にかかわるのか？」を確認しましたが、今度は終わり、すなわち「中3のいつの定期テスト結果までが高校入試にかかわるのか？」を確認しましょう。

これを知ることで、いつから入試向けの勉強だけに取り組めるかがわかります。

愛知県の例で言うと、中3の3学期の内申点が入試にかかわりますから、具体的には1月中旬実施の学年末テストまでがかかわるということですね。

こちらも気になって47都道府県をすべて調べてみました。

白が中3の2学期の内申点まで、色つきが中3の3学期の内申点までが高校入試にかかわるようです。

令和3年現在では、中3の2学期の内申点までの地域が33県、中3の3学期の内申点までの地域が14県でした。

いつまでの内申点が高校入試にかかわるの？

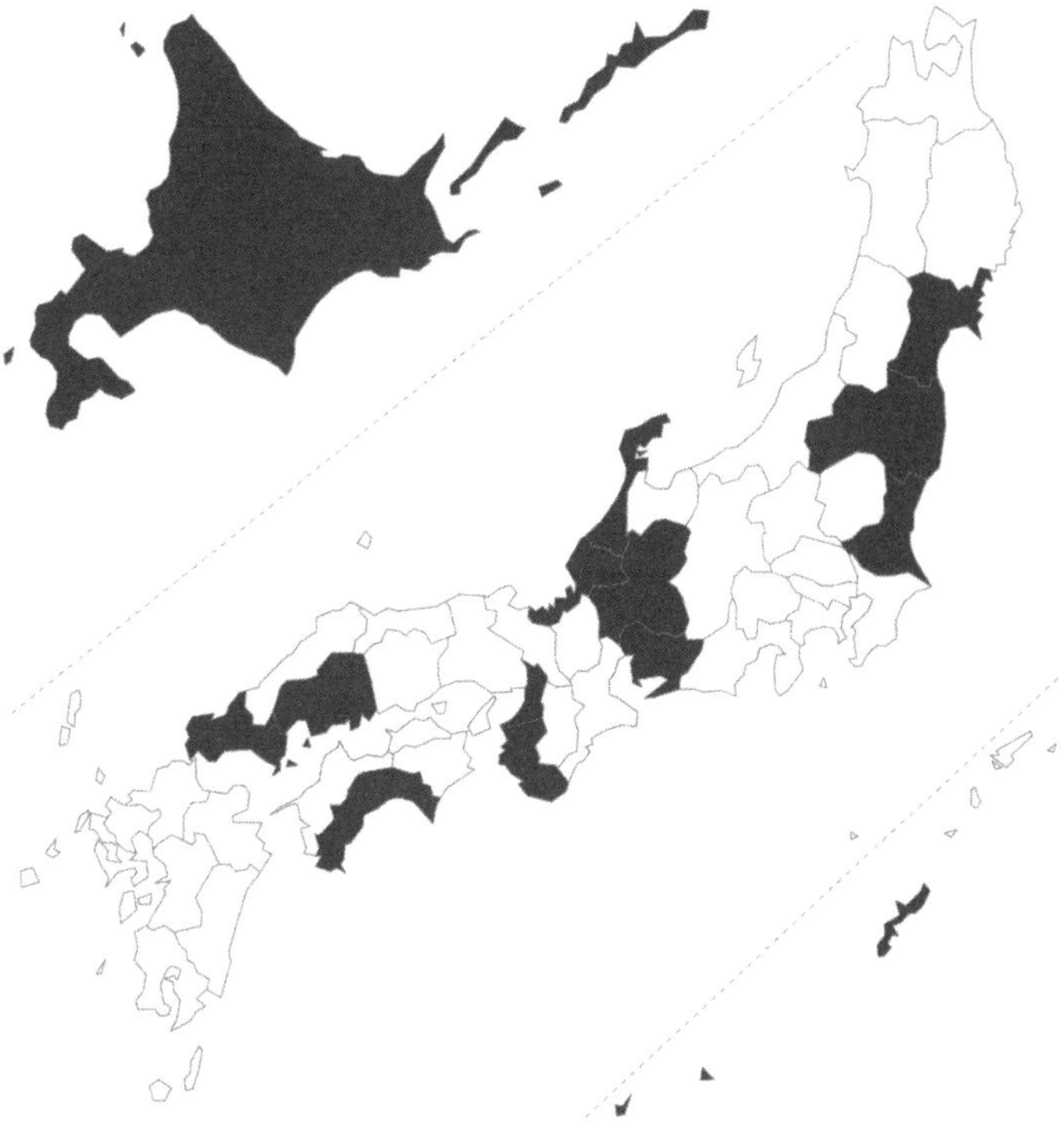

■ 中3の3学期まで

□ 中3の2学期まで

じつに3分の2以上の県が、2学期の内申点までだというわけです。

そういった県は、2学期の期末テストが終わったら、そこから入試の勉強にスイッチを切り替え、冬休みも入試勉強一色でやりきることができます。

対して、3学期の内申点までの県は、1月中旬の学年末テストまで定期テストの勉強が必要です。

冬休みも最後の定期テストのことを意識しつつ、入試の勉強に取り組まなくてはいけませんから、少々やりづらいですよね。

さて、あなたの地域はいつまででしたか？

私が調べたときと変わっているかもしれませんから、WEBページや学校の先生に聞いてみたりして、必ず自分自身で確認するようにしてください。

いずれにしても、入試にかかわる最後の定期テストが終わったタイミングが、「全力で追い込み勉強を始められる時期」ということになります。

合格を勝ちとるためにもとても大切な情報なので、しっかりと把握しておきましょう。

5 自分の地域の公立高校入試は、どんな「合否判定システム」？

高校入試システム調べも佳境です。

今度は**「どのようなシステムで合否が決まるのか？」**という部分を確認していきましょう。

各都道府県の公立高校入試でさまざまなシステムが採用されています。

特徴がある地域をご紹介すると、こんな感じです（令和3年現在）。

「愛知県や兵庫県は公立高校を2校受験することができる」

「鹿児島県は副教科の内申点が主要教科の10倍で換算される」

「首都圏4都県は2月中に公立入試を実施」

「熊本県は入試の当日点に応じて、後で内申点が補正される」

このように、じつにさまざま。調べ進めて、私もこれらに驚きました。

47都道府県が47とおりの合否判定システムになっているので、ここであなたの地域のシステムについての説明はできません。

仮に47都道府県分のシステムをここで説明したとしても、頻繁《ひんぱん》に合否システムが変わっていくので、すぐに使えなくなってしまいます。

だからここでは、あくまでもあなたが今から自分で調べていく方法をご紹介するまでに留めさせてください。

もちろん、自分で調べなかったとしても、中3の1学期に中学校で**「進路説明会」**が開催されて、合否判定システムも説明してもらえるとは思います。

しかし、この本を手にとるような高校入試に真剣なあなたは、もっと早い段階から把握しておくべきです。

ぜひ、自ら調べていきましょう。

確認していく内容は、シンプルです。


「筆記試験は1教科何点満点で合計何点になるのか？」

「点数と内申点は合わせて判定をするのか？　別々で判定をするのか？」

「面接や小論文など、他の試験結果は含まれるのか？」

「合否判定の全体の流れはどうなっているのか？」

ここでは、こんなことを確認できるといいでしょう。

これらは、教育委員会が出す**「入学者選抜実施要項」**にすべて書いてありますが、ちょっとわかりにくいので、もう少しわかりやすく書いてくれているページを探っていきましょう。

まずは先ほどご紹介した**「進研ゼミ中学講座――高校入試情報サイト」**で大枠を確認し、その次に**「地元の学習塾WEBページ」**を探してください。

裏技として、その地域の大手進学塾であれば、一般参加可で**「進学説明会」**を実施したりしていますので、そちらに参加をして情報を得るという方法もあります。

その後の入塾勧誘を「情報を得た対価」であると割りきれるならばお勧めします。

参考までに、226ページと227ページに、調べたことを書きとめられるよう**「記入用シート」**と**「愛知県を例にした記入例」**を掲載しておきます。

もちろん、本当のシステムはもっと複雑です。

複雑な内容は、後日じっくりと深く知っていけばいいので、ここではこのシートに書けるかぎりの内容でOKです。

入試システムの大枠が分かればよしとしましょう。

＿＿＿＿＿＿＿ 都道府県 高校入試システム確認シート

入試日程

私立推薦　私立一般　公立推薦　公立一般

＿月＿週　＿月＿週　＿月＿週　＿月＿週

内申点（公立一般）

内申点は、＿年生の内申点から公立入試にかかわる。

3年生の＿学期の内申点まで公立入試にかかわる。

合計＿＿＿点で内訳は以下の通り↓

当日点（公立一般）

各教科＿＿点満点で5教科合計＿＿＿点満点。

その他

わかったことをメモ

愛知 都道府県 高校入試システム確認シート

入試日程

私立推薦	私立一般	公立推薦	公立一般
1月4週	2月1週	3月1週	3月1週

内申点（公立一般）

内申点は、3年生の内申点から公立入試にかかわる。
3年生の3学期の内申点まで公立入試にかかわる。
合計90点で内訳は以下の通り↓

3年の内申45を2倍する。

当日点（公立一般）

各教科22点満点で5教科合計110点満点。

その他

わかったことをメモ

・内申90と当日点110の200点
・面接もある

さて、いかがでしょうか？

調べてみて自分の地域の高校入試システムは、ある程度把握できたでしょうか？

システムが把握できてくると、「勉強、もっと頑張らなきゃなあ」と嫌でも思わされますよね。

しっかり調べて、うまく勉強のやる気につなげていきましょう。

いろいろと自分で調べ進めていって、どうしてもわからないこととか、ネット上では説明してくれていない部分とかが出てくることがあれば、学校や塾の先生を頼ってください。

早い時期であればあるほど、先生たちはその気持ちに嬉しくなり、丁寧に教えてくれることでしょう。

おわりに
今こそ、「一生モノの財産」を手に入れよう

最後までお読みいただき、ありがとうございました。

この本でお伝えしてきたことを信じて真剣に実践してくれたならば、きっと私の塾の合格率90％をも超える確率で、第一志望校の合格を勝ちとることができるでしょう。

さて、最後に今の言葉をひっくり返すようなことを言いますが、私は**「第一志望の高校に合格できたかどうかは、一番大切なことではない」**とも思っています。

誤解しないでください。

目指した目標が叶わなくてもいいと言っているわけではありません。

ただ、私としては第一志望の高校に合格するよりも、もっと大切なことがあるはずだと言いたいのです。

たとえば、野球部の中3最後の大会だったとしましょう。

全国優勝をする1校を除いたすべての中学校の生徒たちが、試合に負けることで部活動を引退しますよね。

では、途中で負けてしまったすべての中学校の結果が、残念で悲しいだけのものなのかというと、そうではありませんよね。

その部活での取り組みが、一生懸命で悔いのないものであったならば、その経験で得た自信を胸に、今後、充実した高校生活を送ることができるでしょう。

勝敗よりも大切なことが部活にはある。
その取り組みがどのようなものであったのかが、より重要である。

高校入試も、基本的にはこれと同じではないかと思うのです。

高校入試は定員がある以上、受験生全員がどれだけ努力を重ねたとしても、うまく当日の点数をとることができなかった生徒は、不合格になってしまいます。

不合格になってしまった生徒は、もちろんその結果が出た直後は、残念で悲しい思いをするとは思いますが、決してそれだけではありません。

合格を目指して取り組んだ入試勉強が**「一生懸命な取り組み」**で悔いのないものであったならば、私はその時点でこの高校入試が素晴らしい経験となり、今後の人生に大きくプラスになるものだと思うのです。

合否よりも大切なことが高校入試にはあって、一生懸命取り組めたかどうかがより重要である、ということです。

入試の合否は、本人の当日の出来や他の生徒の出来、さらには倍率など、結果を左右する事柄が多くかかわっていて、「絶対」がありません。

しかし、合格を目指して重ね続けた「一生懸命な取り組み」は、自分で100％コントロールができる、つまり「絶対」があります。

あなたにも、この高校入試という一大イベントのなかで、ぜひとも「一生懸命な取り組み」を経験してほしいのです。

もしも、この一生に一度の高校入試で「一生懸命な取り組み」を経験することができたならば、これ以上の結果はありません。

合格するかどうかは、そのおまけに過ぎないのです。

一生懸命な取り組みは「一生モノの財産」になります。

そのときに頑張れたことが今後の人生の大きな自信になり、大きな力になるでしょう。

私は、自分が指導する生徒たちが、高校入試を通して、この一生モノの力を手に入れ、ここから続く長い人生に活かしてくれたらいいなと、いつも願っています。

この本を読んでくれたあなたも、そうなっていったら素敵だなと思いながら、この本を書きました。

ぜひ、あなたも高校入試を通して「一生懸命な取り組み」を手に入れてください。

そして、今日からさっそく一生懸命取り組んでいってください。

勉強がたいして得意ではなかった凡人の私が、こうして本というステージであなたに勉強法を語ることができるようになったのも、すべて「一生懸命」のおかげです。

「一生懸命やれば、すべて報われるとはかぎらないが、報われた人は皆が一生懸命やっている」

ある漫画で有名になったこの言葉が私の支えです。

私もあなたに負けぬよう、引き続き一生懸命やっていきます。

最後になりますが、もしもこの本が、あなたの一生に一度の高校入試を、いい経験にするお手伝いができたならば、これに勝る喜びはありません。

あなたのこれからの一生懸命な取り組みを、遠く愛知県から応援しています。

最後までおつき合いいただき、ありがとうございました。

さくら個別指導学院　代表　國立拓治

第一志望合格率90.4%

［くにたて式《しき》］高《こう》校《こう》入《にゅう》試《し》勉《べん》強《きょう》法《ほう》

2021年 7月31日　　初版発行
2022年 4月15日　　2刷発行

著　者……國《くに》立《たて》拓《たく》治《じ》
発行者……塚田太郎
発行所……株式会社大和出版
東京都文京区音羽1-26-11　〒112-0013
電話　営業部03-5978-8121／編集部03-5978-8131
http://www.daiwashuppan.com
印刷所……信毎書籍印刷株式会社
製本所……株式会社積信堂

ISBN978-4-8047-6371-2